All Voices from the Island

島嶼湧現的聲音

在夾縫中抵抗

從依法治國與司法抗爭的比較經驗看香港

RESISTANCE THROUGH THE CRACKS

Understanding Hong Kong's Rule by Law and Resistance in the Courtroom in Comparative Perspective

黎恩灝——————著

目次

第三篇 司法抗爭的啟示

【推薦序】

「法治」從來都不是從天上掉下來的恩賜

⊙羅永生（文化研究學者，嶺南大學文化研究系退休副教授）

二〇二〇年中國在香港直接頒令實行《港區國安法》，令這座城市在一夜之間被吸納到中國的威權體制之下。《港區國安法》令人聞風喪膽，不單只因為這是一部嚴苛的法律，或是凌駕於《基本法》之上的更高法律，而是政權能不斷以《港區國安法》之名，行使無約制的權力，把香港過去奉行的「法治社會」原則全面粉碎。因為《港區國安法》並沒有使香港市民更清楚瞭解他們的權利和義務，反而打破了過去一直以清晰明確的條文，去讓人們知道什麼是合法，什麼是違法。於是，立法準則變得含糊，合法和不合法之間的界線愈來愈模糊，事事都可以變成潛在的「國安隱患」。原本受《基本法》所明文規定的權利和義務，在《港區國安法》的無上權威底下，給打開了無數的缺口，隨時都可能名存實亡。它脫離了法治社會以法律來約束權力（包括人民和國家政權的權力），安排良好社會秩序的基礎，反過來讓國家政權肆無忌憚地操弄法律、利用法律。所以《港區國安法》頒布以來，人們最強烈的感覺是「國家威權」無所不在——它是一種無所不在的意志，一種喜怒無常的意志，這種意志通過在我們心中產生的恐懼而發揮效用，法律條文只是這種無上的國家意志隨手運用的工具。

這不單使「一國兩制」底下本已十分簡陋的「半民主」制度面目全非，政治改革不進反退，民主政黨無法生存運作。它亦不斷蠶蝕包括言論自由、結社自由、集會自由在內的公民自由。公民社會組織紛紛瓦解，大批香港人選擇流散外地，避免活在被《港區國安法》的陰影所籠罩的香港。而留下來的香港人，只能揣測不斷飄移的「紅線」，為求在這「新常態」時期可以過活。反抗運動沉寂下來，政制迅即被全盤「完善化」，人民的自由選舉權被收回，政制的民主與包容的程度甚至倒退到比英殖時期還不如的地步。政權也忙於改變社會，檢控機關和各個新設的國安單位互相配合，以無孔不入的方式對異見者實行監控，唆使人民互相舉報，把人民置於恐懼狀態和「白色恐怖」底下。各級政府部門也要負起維持國安的責任，以濫用公權力的方式去干預人民日常生活，封殺任何讓異見者可以存在的空間。法院亦全力配合《港區國安法》，使過去被奉為圭臬的「法律面前人人平等」成為空話，「無罪推定」的普通法原則名存實亡，法治的基石一一受到踐踏。

法治已死是每日都在發生的災難

今時的香港，「法治已死」對很多人來說不再是聳聽的危言，而是每日都在發生的災難。香港法治的迅速潰敗，接連上演的荒謬不單令人難堪，也難以理解，因為香港一直以來給世人的印象是，這個地方雖然欠缺民主制度，但自由和法治的水平卻傲視世界。曾幾何時，香港人甚至相信，憑藉可以保障安全與自由的健全法制，加上人們心中已內化成核心價值的法治意識，足以讓香港建立起驕人的經濟成就。而這套法治體系是由英國人恩賜的，是這個殖民宗主國在香港百多年的統治期間最值得珍重的遺產。於是法治是香港賴以取得「成功」的獨特配方中不可或缺的一個因素。這種信念和認知，肯定了雖然香港沒有民主，一直以來被英國統治者以殖民主義方式治理，但也修成了一種獨特的「殖民現代性」，讓這城市成為一個既享繁榮亦具政治穩定的地方。「法治制度」就是這種「殖民現代性」的核心成就。

一九九七年香港主權移交，中國在香港施行了一國兩制，完結了英國殖民時期，這裡的法治前景備受關注。但至少在「回歸」的初期，中共三番四次聲言尊重香港的既有生活方式，至少五十年不變，並解釋這不變的承諾之所以可靠，是因為中國要開展的開放改革事業，實在不能不利用香港所具備的獨特優勢，法治社會就是香港的優勢之一。所以，雖然英國人下旗歸國，中國仍需維持一個法治的香港。由於香港這個「先進」的法治社會，能帶動中國的開放改革，因此中國斷不會隨意破壞它。只要中國開放改革不走回頭路，法治的香港就可以繼續，讓國際商貿往來繼續快速發展，並貢獻給中國的現代化事業。

重新檢討香港的法治神話

當然，今天的現實證明了，上述這一切的推論只是一廂情願，單憑「法治」就能保障香港維持其獨特自主地位的這個神話，已經被無情地打破。在《港區國安法》主導之下，一切對人民權利的剝奪都被冠上為維持「法治」秩序之名。在這種經曲解的「法治」底下，香港已日益變成威權主義橫行的國度，公民自由和權利被大幅削弱，法治亦首當其衝。荒謬的檢控、無中生有的罪名、令人側目的法官判辭、涉案人的法律權利被大幅剝奪、黨媒對法院的公然恐嚇……這些事每日都在上演。人們無法接受法治水平迅速崩壞的事實，驚嘆香港的法治竟是如斯脆弱，但亦難以解釋它為何可以一夜變天。

黎恩灝的這部新作，上承他早前出版的《破解香港的威權法治：傘後與反送中以來的民主運動》。讀者結合兩書一起閱讀，會為上述困惑提供有啟發性的思考角度，讓我們重新評估香港的法治狀態，思索法治困境的根源，以備探索應對之道。如果前作《破解香港的威權法治》的閱讀重點，在於作者對近年香港的鉅變的觀察，就威權法治、警暴、反抗運動等當下議題提出多方位評論，那他的這部新著最值得細續的，就是作者更為深入地為我們提供一個歷史梳理和理論解釋，去解答香港原有的法治為何會如此脆弱，令威權法治可以長驅直進。更進一步的，雖然面對香港法治四面楚歌的困境，作者也不忘為讀者開拓縱深的歷史和環球視野，參照外地種種「司法抗爭」的經驗，為法治敗壞和理想失落的情勢下，提供坐困愁城之外的思考出路和精神鼓舞。

黎恩灝是香港近年最優秀的青年學者之一，他在學時積極參與和領導學生運動，畢業後仍是人權運動的活躍分子。他的本科訓練是政治與行政，進修的研究對象是法律。本書同時結合了精闢而有力的政治分析，和他對相關的法律和法治課題的深刻見解，擺脫了過去一般研討香港法律和法治問題時常見的偏狹「法律主義」（legalism），他的分析進路更靠近批判性的法律研究（critical legal studies）。更為可貴的是，本書在嚴厲揭示和批判當下中國在香港施行威權管治的同時，並沒有忽略同樣地以批判性的眼光，審視在香港法律體系中英國殖民主義的惡劣遺產，令我們能結合歷史和現實，重新檢討香港的法治神話。

在今日各式對香港法治體制崩壞情況充滿哀嘆的云云評論當中，作者通過前後兩本書展現出來的最突出觀點是，英國人在殖民地引入法治制度，並非立意於要貫徹自由主義價值，而是以維繫殖民管治的有效和穩定為大前提，讓法律成為它實現「自由帝國主義」的有效工具，所以並不全然是今日理想中的「法治」（rule of law），而是和其他威權主義近似的「依法治國」（rule by law）。這種歷史批判，不是要簡單否定法治的重要性，或者虛無主義地將香港的法治貶抑為純粹為英國人利益服務的工具，而是要指出香港「殖民現代性」的內在矛盾，及它所留下的致命缺陷和弱點。而正因為這些缺陷和弱點在英國人撤離香港之前，仍沒有被糾正或廢除，而中英雙方在討論香港前途問題時，並沒有香港人的真正參與，以及當日主權移交之際，為中方所控制的「臨時立法會」大量將這些殖民惡法還原，於是今它們被保留、挪用，終至移植到今日的國家安全體制內，成為香港進入威權主義時代政權「依法治國／依法治港」的部分禍根。

至於中共如何由當日聲聲尊重香港人既有生活方式，誓言中央絕不干預香港特別行政區內部事務，到後來漸漸改換辭令，把香港的高度自治全面推翻，以國安大法凌駕整部《基本法》，把以保障基本自由權利的「法治」偷梁換柱為中共黨政所依從的「依法治國」，全面實施一種新的「威權法治」秩序，作者也在本書中做了相關的學理溯源。其一是介紹國際學界對德國納粹主義時期「雙重國家」現象的分析，亦即一套屬「特權國家」的法律制度，以便高效地打壓異見，而另一套屬「規範國家」的法律制度，則維持資本主義經濟暢順運作。其二是分析幾位為中共出謀獻策的「國師級」學者，如何應用納粹法學家施密特（Carl Schmitt）的「例外主義」主權觀念，重新詮釋一國兩制，並按此制定如二〇一四年發表的「一國兩制白皮書」，和為新近設置的國安體制，提供意識形態和理論基礎。

延續香港左翼思想傳統中的「雙重批判」取向

作者既對殖民法治進行歷史批判，也尖銳地揭露中共的政法思想大幅度向極右的國家主義傾斜的趨勢，體現了一種香港本地左翼思想傳統中特有的「雙重批判」取向，超越了簡化的「二元對立」。這種探究比較完整地掌握當下香港威權法治冒起頭來的來龍去脈，在知識生產的角度言之，是一次對香港「殖民現代性」的精妙解構，也示範了一種當下有逼切需要的「知識解殖」。沒有這種「知識解殖」，沒有對過去香港法治神話的有力拆解，會讓我們迷失於「失落法治」的憂鬱狀態，甚或惡化為對法治的虛無主義和犬儒主義，放棄香港人對法治這個核心價值的堅持與追求。沒有對中國政法意識形態急速法西斯化的充分認識，也會掉進官方的（以打著「去殖」旗號推行的）反西方國族主義論述的迷障，更會忽略，在這種「雙重國家」模式下，既要資本主義經濟運行順暢的規範法治，也要讓獨裁權力橫行無忌、不受約束的特權法治，其實是與殖民主義、東亞威權發展主義、中共本身的黨國極權本質異曲同工，是大家交集徵引、互相借屍還魂而成的意識形態雜種。這不啻是對流行於香港輿論場域，極其簡化的二元對立思維一記棒喝。

要讓札根於現實的歷史批判為我們清理出法治理想受挫的錯縱複雜因由，我們方能以歷史主體的身分確認，「法治」從來都不是從天上掉下來的恩賜，相反的，能夠促進我們實現自由、民主權利的法治，只能是人民不斷反抗各式壓制、剝削和威權權力的結果。只有把這些糾結梳理好，才能發掘讓主體生成的抗爭空間，包括在極為艱難的環境底下，進行各式「司法抗爭」的價值和意義。

文化研究的知名學者格羅斯伯格（Lawrence Grossberg）說過，我們要說好我們的故事，因為壞的故事會帶來壞的政治。黎恩灝的著作為我們提供一個好的故事，一個關於香港法治崩壞的來龍去脈的故事。這故事會讓香港未來重建法治，找尋更好的方向和更好的政治。我誠意向讀者推薦這本書。

【推薦序】

剖析法律在當前世界情勢下的重要作品

⊙阿古　智子（現代中國研究學者，東京大學大學院綜合文化研究科教授）

麥克阿瑟三原則[1]是影響日本憲法制定過程的規範之一。「尊重個人」的原則首次出現在總司令部[2]審查會議階段，與麥克阿瑟第三原則「廢除日本的封建制度」相呼應。「日本的封建制度應該廢除。所有日本人民都是人，作為個體都應該受到尊重。人民的生命權、自由權和追求幸福的權利屬於公共福利的範圍，在日本所有法律和所有政府行為，應該受到最大的尊重」。

相關的另一項是關於「個人尊嚴」和「家庭生活中的性別平等」的條款，日方收到該提案後，表示「認為日本戰前的政治社會制度是封建制度，這是一種誤解」，將其刪除，但美方仍將其原封不動地包含在內。最終，以「尊重個人」象徵「擺脫封建」的觀念被籠統的說法取代，關於家庭生活中的個人尊嚴的條款也保留下來，主要是對有關婚姻的條款進行了修改。

透過上述過程制訂的《日本憲法》第十三條，包含了尊重個人的規定，但這是否真正定義了人的尊嚴原則、個人尊嚴或個人主義原則？

縱觀這一立法的歷史，可以說日本採取了「個人主義」的立場，以家庭制度為契機，提出了「尊重個人」和「個人尊嚴」的問題。另一方面，在納粹政權犯下暴行之後，德國提出了與國家權力相對的「人類尊嚴」問題，並採取了「個人主義」立場。一九四九年的《西德憲法》（《德國基本法》）在其〈基本權利〉的第一條就規定：「人的尊嚴不受侵犯。尊重和保護它是所有國家權力的義務」。《日本憲法》第十三條理所當然地承認具有多樣化生活方式和思維方式的人類個體的存在，並規定「必須尊重人類個體的多樣化存在」。有人認為這與《西德憲法》的目的相同，也有人認為其目的各異。

正如本書明確表述，「有法律不等於有法治」。法律是人類文化的一部分，它也不只是一堆分配權力的規條。法律是社會產物之一，與風俗習慣有密切的關係。日本在憲法的制訂、法律的執行、機構的建設等方面也受到了與家庭制度相關的道德、倫理等思想的影響。法律都是為了維護並鞏固其社會制度和社會秩序而制訂。法律既然和文化密不可分，因此，誰定義、決定哪種人類文化和生活可以經法律變得正當，是一個政治過程。

香港的法治制度及意識形態的本質可以說並非源於西方自由主義。香港的人口大部分是從中國大陸移民過來的。英國殖民時期的司法和治理模式對香港社會產生了重大影響。到了後殖民地時期，中共繼受英殖的法律制度之餘，亦逐步移植內地的法律習慣及意識形態到香港。

不論是民主或威權國家，行政機關也開始利用法律和法庭，以民族主義、反對極端主義和反恐為由，打壓異見人士、反政府言論、干預和控制媒體，甚至用緊急法律和戒嚴法阻撓和平示威。這種「威權法律主義」的風潮，在《港區國安法》施行後的威權管治下，我們應該怎麼看待法律人如何遵守自己的專業精神？

本書作者黎恩灝生於香港，幼時經歷六四天安門鎮壓、香港主權移交給中共，過去十多年在不同的崗位參加香港的民主化運動和人權運動。以殖民主義和極權主義的歷史為鑑，分析當權者如何以例外或緊急狀態為名，建立特殊的法律體制，透過依法治國，完成政治控制和剝削人性尊嚴。

本書回顧東西方歷史經驗，包括南非、美國、巴勒斯坦和臺灣，以及法律人和抗爭者以法庭作為抗爭場所的盈與虧。進而深入剖析了法律在當前世界情勢下的重要性，具有重要意義。

1 麥克阿瑟三原則指：一、保留天皇制，但其權力須受限制，並從屬於人民的最高意志；二、放棄戰爭和一切戰備；三、廢除一切封建制度。

2 指駐日盟軍總司令部（General Headquarters; GHQ）。

前言

現代人的生活離不開法律。我們的出生、家庭身分、強制教育、婚姻關係、健康、以至死亡和分配遺產，均離不開法律的規範；而法律之所以具有強制性，是由於當代法律源自國家政府——能夠正當行使武力的單位——的公權力。

人類被法律宰制，最顯著的例子當然是過去幾年新型冠狀病毒肆虐全球的種種法規。與其說新冠肺炎帶來的公共衛生問題限制了人類的各種日常活動，倒不如說是各國政府的新法律甚至緊急規例控制了國民的公共生活和私人生活。各國政府判斷新冠肺炎是公共衛生的緊急狀況和非常態，繼而強制佩戴口罩、限制社交聚會人數、控制、批准進口治療新冠肺炎的疫苗和藥物、禁止若干場所開放、甚至將發布被視為「假新聞」的新冠肺炎資訊及評論政府防疫措施的網上意見視為犯罪等等。誠然，這些非常手段可能有相當的醫學專業基礎；但它們同時反映出，當政府以緊急狀態創訂、實施法規時，國民生活被公權力控制的程度可以有多麼廣闊高深。

從政治學的基本概念出發，國家之所以有如此大的公權力，是建基於國家和人民之間的社會契約。在民主國家，政府由人民授權，負起治理、保護國家的責任；國民通過定期、公平和自由的選舉產生政府之餘，亦建立不同的體制制衡政府權力，包括獨立的司法、民選議會、在野黨、傳媒、公民社會，以至於這些體制所鞏固的核心價值等等，皆為政府提供制約。換言之，民主國家透過分散公權力，或者說是去中心化權力（decentralization of power），讓不同權力相互制衡，作為維持社會契約的方法，確保政權可以和平輪替，維持良好管治。

對於非民主國家，例如專制國家，由於它們缺乏定期、公平和自由的普及選舉授權，執政者——無論是個體的獨裁者或執政集團——容易長期處於權力不穩的焦慮，故其治理方向是不斷集中權力（centralization of power），控制國家和國民生活的不同層面，以維持執政者的權力。誠然，威權政體亦需要提供有質量的政策作資源分配，強化政權的管治正當性和認受性，但它們的根本信念，是要透過一切方法保住權力；一旦失去權力的話，隨時都可能成為權力鬥爭的犧牲品。

無論是民主或專制國家，它們都樂於倚仗法律來進行各種各樣的治理。一來依法行事，是宰制者維持其行動正當性的重要來源；二來當國家透過法律法規落實政策和政治任務，即使它們並非出於公益，甚至是用來打壓政治對手，國家亦能以依法行事之名作辯護，用法治作面紗。[1]但民主與專制國家之別，究其根本，是公眾是否有足夠的力度制衡公權力的擴張。

但國家——無論是民主或專制政體——有「法律」，又是否有「法治」（rule of law）可言？相對於「人治」，「法治」仍可運用法律達到其獨裁專制的治理效果；但是「法治」的根本，其實就是法律面前人人平等，沒有人凌駕法律之上。這項原則背後的基礎，按今日普世標準，就是《世界人權宣言》和各項國際人權公約所指，深信人人生而自由而平等；一個法治社會，就是要確保法律的訂立過程、內容和實踐，皆有維護和彰顯上述的信念，以及防止社會的不同群體以至國家政權破壞人性尊嚴。在二戰後風起雲湧的民權運動、解殖獨立和民主化浪潮，很大程度上就是這套信念的延伸。

研究民主化的學者，多數強調民主體制和法治的密切關係：要建立民主，不能缺少法治制度和觀念，節制民選政府的權力，以防國家領袖挾民意自重，凌駕法律和憲法之上，走向人治。同樣，法治——包括獨立的司法和專業的法官、不偏不倚的法律典章制度——更需要民主制度的保障，畢竟現在的司法制度，重視司法人員的專業精神，主持法院和判決的法官並非民選，而是由政府委任，「選賢與能」。[2]

法治確保民主體制得以順利運作，亦對專制政權帶來挑戰。當政府並非由民主體制產生，公眾又如何防止當權者利用法律和法庭作為濫權的工具？除了通過國內的公民抗命和群眾運動，也可能要依靠國際社會的壓力：專制政權既然要參與國際秩序、分享全球化的紅利，亦要服膺「法治」的語言和規範，不然自會被國際社會，尤其是主導國際秩序的西方國家所唾棄。中華人民共和國經常強調「全面推進依法治國」，正是一例。

威權法律主義的風潮

儘管「法治」已經是一套普世公認的語言，但它的定義和內涵，總是莫衷一是。亦因如此，無論是民主或威權國家的統治者，也開始或明或暗地模糊「法治」和「依法而治」的觀念。過去十多年，政治學界和法學界紛紛探討威權政體復興和向全球擴展的現象，不同威權國家相互扶持、模仿對方的治理手段；同時，民主國家的價值觀和體制逐漸衰退，不少民主國家出現極端的民族主義和民粹主義者，加上強人政治興起，例如美國的特朗普（川普）、菲律賓的杜特爾特（杜特蒂）和匈牙利的柯賓等等，他們在得到民意授權後推行各種反人權、反自由平等的措施，甚至削弱民主國家制衡行政權力的典章制度。[3]不論是民主或威權國家，行政機關也開始利用法律和法庭，以民族主義、反對極端主義和反恐為由，打壓異見人士、反政府言論、干預和控制媒體，甚至用緊急法律和戒嚴法阻撓和平示威，形成學界標籤為「威權法律主義」（autocratic legalism）的風潮。這些打壓抗爭的法律手段，在過去幾年全球各地湧現的街頭抗爭可見一斑。

比如，公民組織 CIVICUS 在二〇二二年末發表一項調查：它們統計了全球一百五十五個國家在該年的示威次數和限制示威法規，當中有九十二個國家採用拘留示威者等剝奪人身自由的手段；五十七個國家使用過度武力應付示威者；二十四個國家甚至以處決示威者的方法來阻止示威。即使是民主開放的國家，亦會以過度的武力和羈押手段對付和平示威者；CIVICUS 認為這些做法完全與國際法相違。[4]

當國家權力透過法律、法庭和法治的語言不斷膨脹，猶如霍布斯（Thomas Hobbes）所描述的「利維坦」（Leviathan）時，作為微小的個體，到底有什麼空間和資源去抵抗巨靈的野心？

寫作的起點

本書名為《在夾縫中抵抗》，就是為了訴說不同國家、地區的人民——無論是平民百姓、政治領袖、法律工作者，如何在令人窒息的國家權力籠罩之下，找到能夠呼吸的夾縫，從中負隅頑抗。本書的主旨之一，是通過本書分析的不同歷史經驗，反省當代的政治和法律現象，是否仍然重蹈人類歷史的覆轍。

本書的另一個主旨，就是鑒古知今，藉比較外國以法打壓的威權「法治」與在法庭內頑抗威權的司法抗爭例子，反思香港近年的政治與法律發展，為關心香港以至中國前途的讀者提供一些思想資源。

我生於香港，幼時經歷六四天安門鎮壓、香港主權移交中共，過去十多年在以不同的崗位參與香港的民主化運動和人權運動。二〇二〇年六月三十日，中共在港通過實施《港區國安法》，[5] 一夕之間改變香港的政治和法律生態。原本用來穩住香港人和外資對主權移交信心的《基本法》，其內裡保障港人享有國際認可的人權自由，以及民主普選的承諾已成往事。香港一直享有國際社會公認的司法獨立和法治，但在《港區國安法》實施後，這些國際聲譽亦不復在。中共以「維護國家安全」為名在港實施法律和司法鎮壓，可見法律從來都離不開政治。司法系統、法庭、法官，從廣義來說是政治體制的一部分，也是不爭的事實。司法系統能否有自主空間、可以有多少自主空間、本來就是研究比較政治、比較憲法及憲政的課題之一。

國安新時代正好挑戰我們香港人，尤其是知識分子、公民社會和研究法律、司法制度及地緣政治人士的問題意識。我在前作《破解香港的威權法治：傘後與反送中以來的民主運動》曾指出，香港法治之建立，正正是英國殖民政權的政治手段：透過移植普通法制度，建立中立、沒有政治黨派色彩的獨立司法，亦積極發展經濟民生，強調司法制度對香港繁榮安定的根本地位，作為民主自由體制的替代品。但同時，英殖政權亦移植了其他屬英殖民地的嚴刑峻法，作為壓迫手段，為威權主義式的法治制度和文化奠基，亦間接為香港一九九七年主權移交後的進一步威權化而鋪路。[6]

香港的法治與法治神話

香港人的政治運動，由八〇年代爭取民主化走到今日以抵抗威權為主軸，催迫我們必須去瞭解獨裁專制的本質和實踐。不過，昔日的思考，將所對抗的政權體制聚焦在行政和立法機關，以及具有凌駕地位的中央部門；司法機關往往被視為一個自給自足、自成一格的領域，享有獨立超然的地位。其中一個原因，正如我的博士研究和其他學者所得，是香港民主運動的領袖，不少是出身法律專業的社會菁英。[7] 作為法律從業員的一分子，維護法律制度和司法獨立，既是他們的使命，也是他們發展事業的生存之道。或因如此，香港過去的民主運動，多多少少是在中共設定的「一國兩制」憲制框架內發酵；維護他們深信的法治和獨立司法，既是推動非暴力民主運動的手段，亦是民主運動所爭取的目的之一。客觀上來說，香港民主運動的動力，既來自設計民主普選的憲制方案，也來自抵抗破壞人權自由的惡法和政策。因此，法律人和法律社群往往成為民主運動的重要資源甚至領導者之一，是以亦一直是中共統戰及打壓並施的對象。

可是，當強調中立、講求人人平等、不受政治立場左右的法治神話也被公權力打破，民主運動的空間，逐漸由街頭、議會、選舉擴展到法庭審訊之內。刑事抗辯、違憲審查成為香港近年政治打壓和司法抗爭的主戰場。政治和法治由兩個分屬不同思考領域的觀念，逐漸揉合為一。

我們如何解讀這種「法治即政治」的狀態？法律從業員和普羅大眾，可以如何重新理解這套影響他們生命發展的法律體制？

香港人一直以來追求的法治理想，是由自由主義和國際人權規範組合而成的信念。但如果這套可欲的價值理性已經成為政治現實的對立面，政治理想就無法幫助我們去思考極權的肌理。畢竟，民主、法治、人權並非口號，而是建構體制的原則與基礎。反過來，獨裁、專制也不單是標籤，它們呈現在具體的制度操作上。究竟威權以至極權國家下的司法系統，如何成為政治的一部分，而這些經驗如何促使我們找出頑抗之道，是我們當前的一個重要課題。本書是為仍然關心我城的香港人，以及華文世界的讀者，提出一家之言，一同思考香港的法治和政治未來。

內容安排

本書可以說是上述《破解香港的威權法治》的姊妹作。我在《破》書中集中探討香港法治和司法獨立的根源、和民主運動的關係，以及二〇一九年反送中運動對香港民主化及法治社會的貢獻和影響。本書則透過比較古今案例，書寫法治的語言和論述如何為公權力利用；政權以外的持分者，包括法律人和平民百姓，如何負隅頑抗，甚至反客為主，透過挑戰政權的法治論述，創造守護法治和人性尊嚴的契機。本書固然有不少篇幅談到香港的法律制度和國安體制，但探討的主題，也能對應其他有華人居住的社會現況，尤其是文首提到的新冠肺炎大流行，不正是各國社會也要面對的一個法治大課題嗎？

本書分為三篇共八章。第一篇「依法治國的神話」，從根本概念入手，解說法律、法治的概念，和其他社會面貌的互動；繼而探討執政者如何以法律維持其治理和權力；並以殖民主義和極權主義的歷史為鑑，分析當權者如何以例外或緊急狀態為名，建立特殊法律體制，透過依法治國，完成政治控制和剝削人性尊嚴。

第二篇「香港的威權法治」，以香港經驗為中心，先剖析香港法治制度及意識形態的本質，並非源於西方自由主義，而是承上部，由帶有威權色彩的殖民主義而來；後殖年代，中共繼受英殖的法律制度之餘，亦逐步移植內地的法律習慣及意識形態到港。基於香港法律制度先天不足，尤其是社會脈絡、威權法律和法律專業（尤其是法官）的保守主義，在二〇一九年反修例運動及二〇二〇年的《港區國安法》通過後，香港的司法制度進一步成為政治工具，法治神話可謂隨之幻滅。

第三篇「司法抗爭的啟示」，旨在檢視和反省在威權體制之下，法律專業和公民社會能否透過司法制度負隅頑抗。本部先回顧東西方歷史經驗，包括南非、美國、巴勒斯坦和臺灣，分析法律人和抗爭者以法庭作為抗爭場所的盈與虧；繼而檢討香港公民社會的抗爭者和政治犯在《港區國安法》通過前後，如何面對各種政治審訊（political trials），當中過程，對香港的法治與政治未來有何啟示。

本書內容大幅修改自我過去在臺灣《報導者》、香港《明報》和《立場新聞》

的文章；曾經發表的英文學術文章，以及我在二〇二一年年初主講的網上課程（「法．外．人　從法律社會學講法治」）教材。《立場新聞》在二〇二一年末停止運作，兩名前編輯正面對香港政府以煽動罪起訴的審訊。[8]至於《明報》，我自二〇一八年始為該報撰寫時評，至二〇二一年八月——即《破解香港的威權法治》出版後一個月，被報章通知以「改版」為由，中止我的專欄。[9]此前此後，該報不少著名學者及作家也先後收到通知，要結束他們的專欄。在香港言論審查的漩渦下，文字工作者已無法獨善其身。在此，我感謝各報刊編輯的支持愛護，亦祝願所有筆耕者平安順遂。

在蒐羅有關資料和寫作過程時，我均盡力確保本書內容的準確性和完整性，以促進公共討論、學術研究和教育用途。如有掛一漏萬之處，完全是我的責任。

第一篇

依法治國的神話

1 法律、法治與「依法治國」

法律是什麼?由最基本的功能去看,法律的目的旨在規範人與人之間的行為和關係,由此延伸至規範人民與法律制訂者,即公權力的關係。畢竟,公權力由政府行使,政府亦由人駕馭,故歸本溯源,法律是為人與人如何共同生活提供一個框架和界限。從功能的角度來看,法律為社群排解糾紛提供一個公認的制度和程序,比如民法中關於婚姻、僱傭、工傷、產權爭議提供處理辦法;從政權和人民之間的關係來說,法律決定了權力分配的規則,規範分散權力、集中權力、維持既得利益,以及「宰制者與被宰制者」的過程和結果。

法律：文化和政治角力的產物

但對一眾文化研究者、社會學者和人類學者而言，法律的目的和功能可以更有深度。法律人類學者羅森（Lawrence Rosen）在二〇〇六年出版《法律作為文化》一書中，提出法律與文化兩者之間的關係。[1]他指出，所謂「文化」，是一個將人類經驗分門別類、將集體經驗變得自然的「容器」。這個「容器」包羅不同的人類生活領域，法律也不例外。如果我們要瞭解一個文化如何聚合和運作，瞭解法律勢必不可少，因為法律正是規範文化的生產和運作的合法性或正當性；而且，透過不同國家之間的法律移植，亦會帶來移風易俗的效果，殖民主義正是一例。

同樣，當我們要瞭解法律的本質、目的和功能時，也不能忽視法律是人類文化的一部分。羅森強調，法律並非是一個純粹用來處理糾紛或落實決定的機制，也不只是一堆分配權力的規條，法律是一個維持關係井然有序的框架。但要井然有序，法律就需要依附在人類生活的其他領域之上，例如社會文化、政治、經濟制度，否則法律就不會存在。

中國社會學者瞿同祖亦以傳統中國為例，指出：「法律是社會產物之一、是社會制度之一、是社會規範之一。它與風俗習慣有密切的關係。它維護現存的制度和道德、倫理等價值觀念、它反映某一時期、某一社會的社會結構……任何社會的法律都是為了維護並鞏固其社會制度和社會秩序而制定的，只有充分瞭解產生某一種法律的社會背景，才能瞭解這些法律的意義和作用。」[2]比如傳統中國社會重視家族主義，故法律體現的，並非純是公權力的權威，而是家族或宗族對子孫的控制。《清律例》中記載，「父母控子，即照所控辦理，不必審訊。」[3]《刑案匯覽》又言，「子孫一有觸犯經祖父母父母呈送者，如懇求發遣，即應照實際之例擬軍；如不欲發遣，止應照違犯之律擬杖。」[4]從形式上看，判決的是法司；從實質上看，決定的還是向法司委託的父母。在當時的文化而言，子孫是父母的財產；家族是政治、法律的基本單位，家長或族長是每一社會單位的絕對權威，從而向國家負責。

羅森和其他法律社會學者亦強調，法律之於社會的主要功能，是控制社會

（social control）。不同的法律制度，如普通法（common law）或大陸法（civil law），其實只是分配權力和吸納本土習慣的方法。他歸納出三大類別，作為區分不同法律體系及其控制社會方法的基準。（見左頁表格）

法律作為社會控制的最終目的，其實是要建立一套世界觀或宇宙觀（cosmology）。法律就如其他文化範疇，其目的不只在於訂立規範或區分「正常」和「異常」的行為標準，而是協助維繫一個合乎常理的世界觀／宇宙觀，從而維繫一個社會的秩序。比如中國傳統維繫家族主義的法律、宗教律法和共產主義國家，法律以至憲法（或根本法）不只是維持當權者的權力，而是同時創造、促進其政治性或宗教性的世界觀、宇宙觀得以實現的藍圖。

法律既然和文化密不可分，誰定義、決定哪種人類文化和生活可以經法律變得正當，例如實現政治平等的制度、同性婚姻、以至普世人權保障等等，就是一個政治過程（political process）。在現代社會，政府草擬、制訂和通過法例，往往是行政機關、立法機關和社會大眾之間的爭辯與角力。在法律通過後，民眾和司法機關也能透過訴訟和司法覆核，在確立或否定法例是否合憲之餘，亦會對一

不同法系及其控制社會的方法

	權力分配	在地實踐	例子
類一	法律作為中央管治(central governance)的工具	只有中央控制的系統承認的社會文化習慣(sociocultural practice)才能成為法律	社會主義法(Socialist Law)
類二	法律將權力廣泛分置在不同的制衡機構(counterbalancing institutions)	依賴低階機構(low-level institutions)自行解讀和運用不斷變化的文化習慣	普通法(Common Law)、伊斯蘭法(Islamic Law)
類三	法律用來保持既有社會習慣的正當性	令傳統社會結構得以生存和延續	傳統法律秩序(Traditional Legal Order)

社會的政治、社會和文化產生影響，皆因其判決和判詞，會確立一套有約束力的法律論述，從而令官民對法律原則、司法機關、法律和政府的態度改觀。例如香港諸反歧視條例，以及《人權法》，除了反映官民權利分殊，亦折射出法例意圖推動的文化價值，諸如人人平等、人權為重、制約政府的意識云云。

以上的過程，皆在一個社會的法律及政治體制之內發生；但能影響法律和司法過程的各種動力，也有包括了法律體制和邊界外的政治因素。在香港的處境，就不能不提「中國因素」：中華人民共和國（下稱中共／中國）全國人大常委會可以透過解釋香港的憲制文件《基本法》和頒布關乎香港的官方「決定」，直接或間接約束司法機關的裁決。中共也試圖藉由各種高壓和懷柔手段，輸出其法律意識形態到香港，影響香港民眾對法律和政治制度的看法。這些具體操作，將在後面的章節詳述。

有法律不等於有法治

學界對於「法治」的定義多元，莫衷一是；但最基本的共識是，「法治」總是「人治」的對立面。所謂「人治」，就是當權的個人（獨裁者）或集體（執政集團／黨）可以自由、任意地行使權力而不受任何制約。即使國有國法，在人治社會中，領導總在法律之上，法律亦只是當權者的管治工具，沒有「天子與庶民同罪」的幻想。亦因如此，法治不等於「依法而治」，後者儘管有法律典章制度，但它們不必然規範政府的權力；相反，它們可以明文賦予政府各種任意權力，面對外界責難時，就以「依法辦事」作擋箭牌。

法治的根本概念，撇除人治和依法而治的描述，就是法律面前人人平等，無論是政府抑或百姓，皆受同一法律節制，確保沒有人凌駕在法律之上。在法治之下，法律、規則、司法制度要有能力限制政權行為；法律本身亦要有高確定性、透明、可預測，以及被公平地使用，平民百姓才能易於遵守法律，政府亦難以濫用法律和法庭。獨立於行政當局以外的制度，包括獨立的司法機構和民選議會，在制衡政府權力、確保政府合法辦事方面尤關重要。及至當代，法治原則已超越一國之境：在國際秩序裡，各國遵照不同的國際法和國際人權公約，繼而保障、促進人權及經濟全球化，建立以規則為本的國際秩序，亦漸成習慣。[5]

法治的最終目的，可以是促進一社會以至一國的政治、司法公義，甚至是經濟、文化公義：透過立法，要求政府積極分配資源，保障公民的經濟、社會、文化權利，是依法達義的表現。因被控干犯《港區國安法》而身在牢獄等候審訊的法律學者戴耀廷，曾用十六字總結法治精神：「有法可依、有法必依、以法限權、以法達義」。

要促進社會的法治精神，既要建立保障法治的制度，也要培養社會大眾重視法治的文化。這就關乎如何建構「法律文化」。法律文化是法律社會學探討的一個重要課題。研究法律文化的學者認為，法律制度不只是典章制度，也包括法制蘊含的價值觀和文化因素。這些文化因素，難免會影響民眾對法律制度以至政府行為的看法。因此，法律文化關注的，是不同社會對法律的觀念、觀感和態度，及其生成的原因。

學者傅利曼（Lawrence Friedman）嘗試將法律文化區分為「外部／大眾法律文化」和「內部／專業法律文化」兩種，前者針對普羅大眾對法律、法制和執行機關有何觀感、信念及規範性原則，後者關乎法律從業員——包括律師、法官以至制訂法律的公職人員——就上述問題的看法。[6]另一學者塔馬納哈（Brian Tamanaha）認為，專業法律文化對建立一國之法制非常重要，蓋因法律專業群體掌控對法律的知識、制度（諸如法庭、律師公會）和實踐；在生產和鞏固國家法律的過程，法律專業就擁有權威和壟斷地位。[7]法律文化——尤其是專業性的——既能影響從業員以至普羅大眾的法律觀；但反過來說，誰掌控法律專業文化，誰就可以影響社會對法律的態度。

催生和發展法律文化的動因，多少和一地之政治意識形態相關。國家體制和政權，往往是建立和鞏固政治意識形態的最大持分者，這尤其在威權和獨裁國家體現：當公權力滲透和控制社會的方方面面，法律制度和法律人皆難倖免。其中，服膺政權的法律人，出於利益或意識形態考量，亦樂於為政權背書，鞏固政權主導的法律文化，比如強調維持法紀多於保障公民權的行使等等。

法律文化和法律制度的發展是分不開的。其中，將一國之法律制度移植到他國，是改造後者的法制及法律文化的方法，此即法律移植（legal transplantation）。塔馬納哈指出，國家法律的誕生，既來自植根本土而生的法律，也源於移植來自其他地方的法律。所有法律制度都蘊含「本土」與「外來」兩個元素。法律移植牽涉至少兩個司法管轄區的文化、經濟、社會和政治處境，移植能否生根、被移植的社會影響為何，自然各有不同，既可能和本地社會衝突、也可以因為缺乏相應的價值規範和社會思潮而難以運作。隨著時間流逝，社會環境也許會演變到與移植法律相適應，或者更難發揮功效，亦或發展出一套新的進路令移植法律得以流行。8

透過法律移植而建立法治體制，需要時間和投放資源持續發展。不少發展中國家基於經濟積弱和貪汙腐敗，司法制度資源稀薄，富有人家可以藉建立私人軍隊和商業仲裁保障私產，但貧窮人和弱勢社群無法在司法制度中尋求公義（access to justice，又稱司法近用），加劇他們被侵犯和剝削的情況，令貧富懸殊和階級矛盾更嚴重。儘管不少國際志願組織和慈善機構致力消除貧窮，但若缺乏有效、有充分資源的司法制度，改變不公義的社會結構和社會關係是不可能的。即使在已發展地區如香港，司法系統擁有的資源，例如法律援助（簡稱法援，臺灣稱法律扶助）的經費，亦沒有充分支援平民百姓在司法系統尋求公義。政府一方面利用香港法治水平的聲譽，大力撥出資源要發展香港作為國際仲裁中心，但另一方面，在保障平民百姓在制度內尋求公義的政策和資源分配上，卻走上相反的方向，例如法援制度的僵化和政治化、政府拒絕提供資源發展社區法律服務和義務辯護、在性侵案件上保障受害者的硬件和軟件資源不足等等。社會大眾愈難獲得法律資源司法審查政府，或獲得有質素的刑事辯護，對保障司法獨立和法治社會一定沒有好處。[9] 由此可見，實踐法治和公共政策、政治決定密不可分；促進法治社會，除了要「以法限權」，節制公權力延伸之外，亦要透過公權力分配資源保持司法制度有效運作，方能「以法達義」。

殖民主義帶來的是「法治」還是「依法治國」？

但無論法律移植帶來什麼法律體制和文化的變遷，移植的法律和制度本身，亦必然要符合法治精神，否則移植的法制，只會鞏固人治，或是形成一個依法而治，但充滿嚴刑峻法的社會。

前述所謂「法律面前人人平等」的根本法治原則，載於英國法學家戴雪（A. V. Dicey）的《英憲精義》（*Introduction to the Study of the Law of Constitution*）。它是是法學生入門讀物，其人其著亦廣為法學界——尤其是普通法地區的學者——推崇備至。不過，戴雪的法治論述和價值觀，是否始於如一？西澳洲大學法學院學者利諾（Dylan Lino）在二〇一八年發表一篇論文，質疑戴雪的法治說，可能只是英國殖民主義的遮羞布。

利諾回顧戴雪的著作，發現他的法治理念，充滿歌頌英國民族文明精神的色彩。戴雪在一八九八年發表的一篇文章中提到，盎格魯－撒克遜人（即英美）的文明程度令其他民族望塵莫及之處，就是其「法律主義的精神」。他在文章表露出濃厚的「民族狂熱」和「種族優越主義」，亦反映在他支持大英帝國殖民主義的立場。戴雪一方面相信英國向殖民地輸出法治，就能建立「英式文明」和「自由帝國主義」（liberal imperialism）的正當性。但另一邊廂，戴雪又認為在例外情況下，為了延續殖民地從屬英帝國大一統（imperial unity），統治者不免要在殖民地放棄法治原則。例如，只要殖民地自治政府意圖進一步推動殖民地獨立，帝國大一統的原則就應凌駕法治，以保障英帝國的利益。戴雪亦曾在《泰晤士報》（*The Times*）撰文，表示為了維持大一統，避免殖民地脫英獨立，英帝國不干預殖民地違反英國憲法原則的治術，也是「迫不得已」。諷刺的是，戴雪在一九一五年版本的《英憲精義》序言表示，英國維持帝國大一統的代價，就是要英國人容許殖民地存在種族歧視。他舉例指，英國議會應包容澳大利亞殖民地政府針對非白人的嚴格移民限制，才能保障澳大利亞人對宗主國的忠誠。[10]

戴雪在英國殖民歷史中的表現，實在是對於他法治觀的反諷。英式法治觀念縱有法律面前人人平等的精神，但面對例外和非常態，諸如殖民管治，當地的法治狀況卻變形走樣，殖民地行政系統只是建立法紀（law and order），保留歧視性的不平等習俗，透過間接管治換取當地人對英帝國的忠誠。

戴雪的案例反映出，法治理論並非純粹的法哲學討論，它亦是社會政治的產物。戴雪法治論的矛盾，在於他所提倡的法治精神，並非當時大英帝國主義蓬勃的現實。他被迫承認帝國大一統的管治，需要依靠法制的不平等及其隨意性，而這兩個殖民統治的特徵，正與以自由主義自居的英國及其法治觀相違。如果英國當年建立法治，純為證明其文明優越的話，那麼法治的價值，其實相當功利和淺薄。當英帝國的大一統受到威脅，又豈會讓殖民地享受法治？宗主國只會削弱殖民地的法治，維持後者作宗主國的次等屬土。一套和殖民法治或帝治相反的法治觀，是肯定人人生而自由平等、公權力應受到規限以防範人治、應建設公正不阿的法律和司法體制等等。這只有在社會建立足夠的理論和實際資源，令這套以自由民主為圭臬的法治觀深入民心，大眾才有足夠的道德力量，拒絕政權以國家利益為名犧牲個人權利。

英國殖民政府在香港主權移交之前通過《香港人權法案》，透過法律落實大部分《聯合國公民及政治權利國際公約》的人權保障。然英國殖民香港過百載，至主權移交前才以法律方式明確保障和推動重視人權的法律文化，既是遲來的禮物，也是政治盤算的結果。但同時，英人仍然保留香港若干侵犯人權，以及容許行政機關任意行使權力的法例。香港的法制在主權移交後，一直游走「法治」與「人治」間，提供殖民遺法予中共的英國政府，始終要負上部分責任。

法律與法治的「例外」

現代人能否生活在法律之外？儘管現代社會幾乎一切事物——包括我們享有的自由、權利——也由公權力訂立的法律賦予、規範，但公權力仍然有能力製造「無法無天」的人治狀態；它能製造一個超然於現有法制的權力法則，令既有的法律制度無法適用，就是「例外狀態」（state of exception）。

所謂「例外」，是指既存法規無法適用；而「例外狀態」，就是指整個法律體系無法適用，如當代義大利哲學家阿岡本（Giorgio Agamben）所言，例外之時，整個法律體系沒有被消滅，只是「被懸置」。有什麼情況可以「懸置」原有法律呢？歷史經驗告訴我們，往往是政權宣布國家進入緊急狀態或戒嚴之時，例如國民黨在一九四九年宣布臺灣「全省戒嚴」，以及二〇二一年緬甸出現的軍事政變等等。

那麼，有誰可以宣布戒嚴，或者說，誰有權力懸置法律？如果政府有權懸置法律甚至憲法的話，其權力來源又在哪裡？這就牽涉到「主權」的問題。在二戰前的德國納粹年代，加入納粹黨支持希特勒的法律學者施密特（Carl Schmitt, 1888-1985），強調法律的政治性和主權凌駕一切，以此證成納粹德國的恐怖統治，細節將在下一章詳述。簡而言之，施密特認為「擁有主權的人，就是決斷例外狀態之人」。他形容軍事戒嚴是透過懸置整個原有的法律秩序，賦予政權實質上無限制的權力；即使法律秩序失效，但國家仍然存在。在這種緊急狀態下，施密特認為是主權以更高的法則凌駕法律、免於所有規範而自行運作。這樣理解的話，法律與法治的相反，就是政權在原有法律被懸置，可以任意行使權力不受制約的例外狀態。本質上，就是一種有國家政權參與的叢林法則——國家有正當壟斷合法武力和暴力的能力控制民眾，民眾能否改變這種宰制關係，只能視乎自己有無這種對等的權能（power and strength）。

「緊急狀態」和「人治」縱有相近之處，但亦不必然相同。不少自由民主國家的憲法和成文法律，均賦予民選政府宣布國家進入緊急狀態、行使緊急政策的權力，例如加拿大和美國等等。但民主國家的緊急法例，多數也同時賦予議會和法院若干的制衡權力，以防行政當局過分濫權。儘管如此，即便如美國此般民主國家，其透過反恐戰爭製造的「例外狀態」，仍然受人非議。阿岡本在其著述中提出「人」與「牲人」（bare life）之辨，後者是一群不受政治權利與法律保護的生命狀態，例如難民，他們不被國家承認，喪失公民身分與法律保障，僅因他們的生物屬性而被視作人類。但實質上，他們無法享有現代社會看待人的權利保障。[11]除了難民，阿岡本認為諸如納粹德國的集中營和囚禁在關塔那摩灣的穆斯林戰俘，也是被置於正常法治之外的一塊領土，卻又不是一個外部空間，是在例外狀態中永恆成真的結構。文化學者班雅明亦嘗言，「受壓迫者的傳統教導我們，我們所生存其中的『例外狀態』乃是常規。」[12]換言之，行政權力不斷擴大、凌駕甚至懸置法律設定的秩序，已成為當代人生活的一部分。本書序言提到的新冠肺炎大流行、以及香港被實施《港區國安法》及體制，其實也是一種長期的例外狀態。在這種狀態下，行政、立法、司法以至民眾之間的權力關係被扭轉，「依法治國」的「法」，也被主權所懸空，變成「依主權意志治國」，法治精神能否彰顯，的確是個大哉問。

在下一章中，我們將以施密特推崇的納粹德國法律體制為案例，剖析這種主權至上的例外體制如何實踐。

2 「例外主義」下的法律體制與法律文化

——二戰前德國的「雙重國家」

承接上一章的討論，本章分析二次世界大戰前的德國法律體制和意識形態，如何跨越時空，影響中共治下香港的法制發展，從而反思威權政體如何透過建立例外或特殊的法律體制，重構一套法律意識形態和法律文化，證成（justify）和鞏固一個破壞法治、以人治為綱的法律制度。

德國納粹黨的「雙重國家」

若要舉獨裁政權控制司法的極端例子，納粹德國和二戰前的蘇聯一定是佼佼者。其中，納粹德國的司法體制，對今時今日的香港，確實有以古鑑今的意義。鑑於中國北方多位研究香港問題的「國師」——陳端洪、強世功、田飛龍——皆對支持納粹統治的法律學者施密特推崇備至；何況中國大陸的司法體系，也由德國大陸法和蘇聯社會主義法移植而成，故認真分析德國納粹法學人為希特勒政權背書的理論和實踐，才能認清中共管治香港的理論基礎和缺陷。

批判納粹德國法治的入門經典，想必是佛蘭克（Ernst Fraenkel, 1898-1975）在一九四一年出版的《雙重國家：貢獻獨裁理論》（*The Dual State: A Contribution to the Theory of Dictatorship*）。[1]佛蘭克是德國猶太人，也是一位為猶太人在法庭進行刑事辯護的律師。他曾參與過反納粹群體，到二戰爆發後就離開德國，先後在英國和美國定居。他在美國完成法律學位後，就出版了在移美前已完稿的《雙重國家》。該書主要的論點，是納粹德國並非單純的極權（或全權）國家

（totalitarian state），希特勒治下的德國雖是黨國一體，但實際操作是由兩套互相補足的法律制度共同運作，在維持高效率打壓異己的同時，亦能維持資本主義的經濟秩序。

這套制度，就是「雙重國家」（dual state）。它由特權國家（prerogative state）和規範國家（normative state）共同構成。所謂特權國家，是指可以任意行使權力、即使是執行暴力也不受約束的政治體制；至於規範國家，指的是一系列維持法律典章制度運作的行政單位。特權國家和規範國家的分別，在於前者握有政治領域之內的一切事權，後者則獲賦予外於政治，例如私產、企業自主、勞資關係等管轄權。但到底什麼屬政治領域，其實是由特權國家——包括希特勒本人和祕密警察——決定。所以，佛蘭克認為：「規範國家有權假定其管轄權；特權國家對管轄權本身就有管轄權。」（"The presumption of jurisdiction rests with the Normative State. The jurisdiction over jurisdiction rests with the Prerogative State."）[2] 如果特權國家毫無節制地弄權的話，那國家就等於在永久的戒嚴狀態中運作：它可以任意頒布所謂「臨時」、「緊急」、「例外」的法規和政策措施，將原有的典章制度和節制行政權力的機構懸置，並以各種理由（國家安全、反對恐怖主義、反對極端主義）將這些本來是臨時的措施延伸到永遠。

那麼，特權國家的權力來源是什麼？特權國家又如何操作這種無限延伸的權力？從典章來說，首先是來自一九三三年的「二二八緊急法令」。二月二十七日發生德國國會縱火案，翌日總統興登堡就簽發《保護人民和國家的總統法令》（*Reichstagsbrandverordnung*）。這項法令旨在回應所謂官方指控、涉嫌縱火的共產黨，以及一切危害國家的暴力行徑，它廢止了威瑪共和國若干保障人身自由、言論自由、集會自由和私隱的條文，「直至另行通告」，是故亦稱為「國會縱火案法令」。縱火案發生後一星期，德國舉行國會大選，納粹黨雖未贏得多數議席，但它聯同其他政黨，在同年三月二十四日以憲法要求的三分之二多數通過《授權法》（*Ermächtigungsgesetz*），容許總理自行通過法律，毋須國會批准。「國會縱火案法令」和《授權法》賦予希特勒和其納粹黨無上的權力，打開建立特權國家之路。

從制度傳統來看，納粹黨可以享受這種儼如戒嚴帶來的無限權力，也和德國的司法傳統有關。佛蘭克指出，德國法律和英式法律不同，後者早有判例申明法院有權判斷戰爭狀態是否足以證成戒嚴的需要，但威瑪共和國繼承德意志王室傳統，將戒嚴權力歸於政府，獨立於司法管轄之外。法院制衡權力先天不足，令希特勒乘機將德國憲政過渡成獨裁政體。佛蘭克提醒我們：政府的緊急權力本來和法治體制不必然有衝突，畢竟在十九至二十世紀，不少國家的憲法均列明國家宣布緊急狀態的權力，是用來應付人權自由受到侵犯、重建憲制秩序和法治、並在恢復法治後就停用的非常手段。但納粹德國的例子正好相反：緊急法令被用來破壞法治、廢除憲法條款、在政權宣稱是「和平之地」的德國實施永久的戒嚴狀態。特權國家破壞法治的典型行徑，就是所謂的「保護羈留」（protective custody）。即便是法院宣判無罪者，祕密警察也有權將這些「國家的敵人」關進集中營，繞過一切既定審訊程序。

法律專業的回應：全面擁戴、積極辯護

法庭面對納粹黨國的特權國家，到底如何自處？答案是八個字：「全面擁

戴、積極辯護」。佛蘭克引述了下列幾宗案例，反映法官如何承認執政黨和警察凌駕法律的權力，成為納粹黨國的政治打手。

1.一九三四年，德國內政部長以「國會縱火案法令」賦予的緊急權力，下令解散宗教組織「耶和華見證人」。後者提訟，認為內政部之舉是侵害憲法賦予的宗教自由權利。但在地區法院，法官認為行政命令有權修改憲法；到了帝國最高法院，法官直指若宗教組織活動危害公共秩序，則解散是理所當然。但誰來定義危害公共秩序呢？答案就是行政部門。

2.一九三四年，最高勞工法院就一宗雇員被警察委派之國家幹部解除職務的案件做出裁決，表示警察是否有權動用國家幹部的權力仍是疑問，但即使此舉不符「國會縱火案法令」的權限，但仍可以出於國家自我防衛（self-defense of the state）的需要作為正當的理由；只要共產黨的威脅一日未解除、國家依舊是不安全，擴張警權甚至超越其固有規限仍然是必須的。

3.一九三五年，普魯士最高法院做出裁決，認為「國會縱火案法令」的條文，已移除了聯邦和國家對警察權力的限制；這些法令是否適當、是否必須的問題，則不屬上訴（覆核）的範圍。

4. 一九三五年，普魯士最高法院推翻了下級法院的裁決，譴責一名德國認信教會（Confessional Church，和支持納粹政權的國家教會對立）的牧師，違反警察總長按「二二八緊急法令」頒布的法律，在教會內發表煽動民眾的言論。這位牧師發表了什麼煽惑言論呢？原來他向主日學學生的家長派發了一封批評德國基督徒（支持納粹黨的國家教會）的書信。法庭就將本來份屬認信教會和國家教會的內部角力和共產黨的威脅相提並論，直指「表達對新秩序的不滿，會對國家構成間接的危害；這些不滿只會令共產黨的活動死灰復燃」。

5. 一九三六年，符騰堡行政法院針對一群基督新教傳道員，宣稱「二二八緊急法令」不只針對共產黨的威脅，而是針對所有危害公共安全和公共秩序的源頭。這些判決，將所有反對納粹政權的人全數標籤為國家取締、追捕的共產黨員。

以上種種法庭「自闔」、為特權國家背書和做劊子手的行為，正可用強世功等人鍾愛的施密特主權理論來解讀。正如上一章所提及，施密特認為擁有主權者，就是有權決定「緊急狀態」者；緊急狀態，就是懸置本來的法律秩序；即使原有的法律秩序停止運作，由權力無限的戒嚴令取代，但國家的法則仍然存在，主權的決斷凌駕一切，任何法律規範和法庭的違憲審查權也無法約束。這套理論的實踐，就在於國家如何以無上的權力來打擊「國家的敵人」。在施密特眼中，區分敵我才是真正的政治；納粹政權由視共產黨為敵到視一切反對者為敵，這種「真政治」的範圍有多闊，是由政治權力所定義。

從納粹德國「雙重國家」看香港

納粹德國「雙重國家」的法律體制，放在中共主權之下香港，我們可以怎麼解讀？從中國本位去看香港，香港只是從屬中國主權的一個小小特區，國家的政治和法律體制有絕對的凌駕地位。從這觀點延伸，主權國近年多次涉及香港憲制秩序的行為，正是逐步建立雙重國家體制的過程。特權國家的制度，當然是來自中共對港的直接管治；而香港原有用來保障資本主義經濟發展的法治和司法獨立，就保留在規範國家體制的層面。

本章開頭提到，多番為中共背書的北方學者如陳端洪、強世功、田飛龍皆以施密特為師。《紐約時報》在二〇二〇年八月就有一個專題報道，探討這班內地官方學者生產了什麼論述，為北京以強硬路線管治香港提供理由和正當性。[3]例如北大的陳端洪，在二〇一八年提交《香港國家安全立法的兩難困境》，並得到中共中央辦公廳調研室採納。[4]另一位北大學者強世功，是公認二〇一四年一國兩制白皮書的起草人之一。他們的法治論述，正好能透視今日中共抓緊法律意識形態和建立例外法律體制的理論基礎。

中央與特區法院對於司法主權的爭奪

強世功在二〇〇七年曾撰文，評論九七後香港法院審理的兩宗案件：「馬維錕案」和「吳嘉玲案」。馬維騉案在一九九七年六月十六日開審，並於香港主權移交後二天的七月三日續審。該案被告馬維騉與另外二人被控干犯香港本地普通法的「串謀妨礙司法公正罪」。然而被告藉臨時立法會通過的《香港回歸條例》，挑戰臨時立法會的合法性。臨時立法會由一九九七年前、由中共安排的特區籌委會成立，成立的法律正當性來源並非來自《基本法》和《中英聯合聲明》，卻得到全國人大認可。被告主張，既然香港臨時立法會並非依據《基本法》合法成立的特區立法機關，故其制訂的《香港回歸條例》，即規定普通法在主權移交後依然有效的條文，亦屬無效。不過，香港法院的上訴庭裁定臨時立法會並未違法，而且是落實《基本法》的必要機構，故其通過的法例有效。上訴法庭亦指出，它作為一個地方或區域性法院，無權推翻主權國（如全國人大或其常委會）的行為。

但到了一九九八至一九九九年的「吳嘉玲案」，法院判決幾乎來個大轉彎。《基本法》第二十四條規定，香港永久性居民在香港以外所生的中國籍子女皆享有居留權。但香港政府在主權移交後透過臨時立法會修改本地的《入境條例》，要求已逗留在香港的香港永久性居民在中國大陸（內地）所生子女，回到內地向當局取得來港「單程證」及「居權證」，方可確認其香港永居身分。此舉導致一群香港永久居民在中國大陸所生，但在香港簽證逾期或無證居留的子女，必須向港府聲請確認居留權。[5]一九九八年，香港高等法院裁定港人在中國大陸生的子女具有居港權，但自一九九七年七月一日香港主權移交起，香港居留權受《基本法》第二十二條所限，留港的「無證兒童」須先回中國大陸申請居留權證明書，才可來港與家人團聚。由於本案提訴人吳嘉玲在主權移交後才偷渡來港，故法院判其未能獲得居港權。至一九九九年一月，香港終審法院裁定，港人在中國大陸所生子女皆擁有居港權，推翻了當時香港特區政府《入境修訂條例》的規定：只有當出生時父母已享有永久居港權，港人在中國大陸生的的子女才能獲得居港權。終審法院在同一判詞中指出，中國全國人大的法律和行為不能被理解為可以壓倒《基本法》；香港本地法院有權限審查全國人大和全國人大常委影響香港特區的行為。[6]

終審法院此言一出，旋即引來大陸學者和官方人員批評是行使「司法主權」，挑戰全國人大的絕對權威。後來，終審法院罕有地針對同案發出「二號判決書」，解釋香港本地法院「不能質疑全國人大和全國人大常委根據《基本法》條文和程序行事的權威」。[7] 此舉等於終審法院向中共妥協，間接修改了此前判詞內有關本地法院與全國人大及全國人大常委的權限論述。最終，香港行政長官於同年提請全國人大常委會釋法，儘管《基本法》第一百五十八條明文規定，只有終審法院才有尋求中共全國人大常委會釋法的權力。全國人大常委隨後頒布釋法內容，指出只有獲批單程證的香港永久居民在中國大陸所生子女才享有居港權，出生時父或母仍未成為香港居民者，則無居港權，等於推翻終審法院的裁決。不過，在人大常委會釋法當天，港府根據「已做出的裁決不受影響」的原則，宣布實施寬免政策，終審法院裁決的興訟人不受釋法影響，但寬免政策的受益人數多少，成為後來的另一個爭議，此處不贅。[8]

一地兩檢爭議

強世功認為，上述兩案折射的，是中央與特區法院爭奪司法主權的政治鬥爭。強世功引用施密特的主權理論，定義主權為「當憲政秩序陷入危機的緊急狀態中為應付緊急狀態而超越憲法規範做出的政治決斷權。誰擁有這種超越憲法規範的決斷權，誰就成為主權者」。[9]因此，九七前全國人大認可特區籌委會決定成立臨時立法會，正是國家主權超越法治做政治決斷的體現。換言之，主權者是否依法辦事並非重點，畢竟強世功在文中亦明言法律規範「不過是不同政治力量進行政治博弈中可以利用的資源或『法律淵源』而已」。強世功亦批評，終審法院在「吳嘉玲案」中否定「馬維錕案」關於香港法庭不能挑戰主權者的行為，是因為終審庭把《基本法》理解為憲法，同時而且是「一部美國式的具有三權分立特徵的憲法」；他進一步批評法庭當時的做法，將「主權者的行為置於自己的審查之下，以確立特區法院至上的司法主權地位」。

強世功二〇〇七年對香港法庭的批評，可能是日後中共對港一系列實踐主權凌駕香港法治和司法系統、甚至間接建立特權國家體制的理論基礎。中共在二〇二〇年實施《港區國安法》之前，早已嘗試植入特權國家體制的操作。二〇一七年，香港出現「一地兩檢」的爭議，事源於中港兩地政府決定興建「廣深港高速鐵路」（高鐵），港府決定在西九龍設置高鐵站，並建議在站內實施「一地兩檢」，即中共可以派員在高鐵站內按內地的法律和規例進行海關和出入境檢查；換言之，中共可以在香港的高鐵站的大陸口岸區執行內地法律。此舉引來法律界極大爭議，蓋因香港《基本法》明文規定，除了列入《基本法》附件三的全國性法律，其他全國性法律一概不適用於香港。故此，當時的關鍵爭議，是香港境內實施「一地兩檢」，既不合《基本法》，也令人質疑是否破壞一國兩制的法律邊界。

然而，中共全國人大常委會在同年十二月，頒布一個「決定」，[10]指「一地兩檢」安排並不違反《基本法》，直接明言人大決定是「一言九鼎」，即它說了就算。在缺乏法理基礎的情況下，中共簡單地頒布一個決定便直接在香港特區執行內地法律，等於將《基本法》懸置，其實就是宣示決斷性的緊急權力。

二〇二〇年的《港區國安法》將涉及國家安全的問題變成主權、行政機關和執法機關的專利，它們作出的判斷、決定，不受獨立的司法機關審查和節制；同年人大常委決定延長立法會任期和將撤銷議員資格的權力直接賦予行政長官，也完全排除了司法機構覆核的權力。同樣道理，新的選舉制度，候選人參選資格由警察國安處、國家安全委員會和資格審查委員會決定，司法機構不可覆檢國安委的決定。二〇二二年末，中共全國人大常委會首次解釋《港區國安法》，進一步確立維護國家安全委員會凌駕司法機關的權力，法庭一方面在國家安全問題上制衡行政機關的權力被「DQ」（Disqualification）了，但同時法庭以嚴刑峻法懲罰觸犯《港區國安法》的能力卻提高了，它有更寬闊的權力拒絕被告獲得保釋，令被告長期處於未審先囚的狀態，剝奪人身自由。

在建構意識形態和法律文化的層面，香港政府的「全民國家安全教育日」，官方文宣對國家安全的定義範並非聚焦在《港區國安法》涵蓋的四種罪行（分裂國家罪、顛覆罪、恐怖活動罪和勾結外國勢力罪），而是二〇一四年中共總書記習近平發表的「國家總體安全觀」，將國家安全的範圍和大陸的《國安法》等量齊觀，涵蓋「政治安全、國土安全、軍事安全、經濟安全、文化安全、社會安全、科技安全、網絡安全、生態安全、資源安全、核安全、海外利益安全、生物安全、太空安全、深海安全和極地安全」。用雙重國家的理論去看，何謂國家安全，由特權國家體制來定義，國家安全以外還剩下多少領域供規範國家體制管轄，也由特權國家體制決定。當國家安全案件帶到法庭，法官會否採用這些官方論述，將國安問題無限延伸到社會各領域，可能就是國家考驗法律人是否夠「政治忠誠」、會否全面服膺政權。

用人權主導的法治觀來分析，倘若主權有絕對凌駕性的地位，該社會就沒有法治，只有人治；由主權至上的法治觀來解讀，沒有主權就沒有法治。一套由主權主導的雙重國家法律體制，就是體現人治凌駕法治的表現。這「人治」，不單是只由一個人說了算，而是執政者缺乏有效的司法和立法機關制約，繼而令執政的個體或集體可以任意行使權力，無遠弗屆。那麼，這套雙重國家體制，在香港如何運作，對香港的法治和司法獨立、以至法律文化及意識形態又有什麼影響？讓我們在本書的下一部仔細探究。

第二篇

香港的威權法治

3 由殖民到後殖民，香港「法治」體制的嬗變

香港是否一個法治社會？這當然要先回答何謂「法治」。前幾章已充分討論「法治」、「依法而治」和「威權法律主義」等概念與實踐。英國殖民期間，將普通法制度移植到香港，但這套普通法制度亦非完全承襲英國本地的法制，更多是參考其他英殖民地的法律體系而生的混合制度。加上英國從未在香港建立民主制度（晚期的政制改革亦只是推行局部的立法局選舉而已），對於從未享受過自由民主體制的香港來說，香港的「法治」，如香港終審法院前常任法官包致金（Syed Kemal Shah Bokhary）所言，充其量只是一套「類法治」（approximation of the rule of law）。[1]

殖民香港的法治神話與真相

那麼，何以香港過往會被譽為享受高度法治水平的司法管轄區？根據國際間流行的法治水平指標，如上一章所言，既考慮法律制度對於人權保障和制衡政府的能力，亦包含司法獨立、廉潔、公民透過法律制度尋求公義的能力等等。香港的司法制度硬件健全、政府和司法機構廉潔，相比不少發展中國家甚至已發展國家，在這些層面表現傑出，繼而得到外資肯定。對外資來說，公平的法制、獨立的法庭、廉潔的法官、高效的司法機構，已提供足夠誘因來港通商。

但法治必不只於公平公正處理商業糾紛而已。倘若香港的法治只是倚靠其商業民事法律方面的表現，而隱藏其非自由（illiberal）的本質，那麼香港的「法治」，充其量只是一套神話。

之所以是神話，是因為在我們的主流論述之中，法治就如一個自有永有的存在，是香港社會的基礎、香港故事裡論述香港成功的基石。卡蘿．瓊斯（Carol Jones）的一篇經典論文，就是透過分析香港一九六〇年代以降的殖民治術，指出「法治」之所以如此深入民心，其實是香港殖民政權在一九七〇年代精心設計、以「法治」來取代「政治」的結果。[2]

一九七〇年代以前的香港，絕非法治社會；華洋不平等、警察貪汙腐敗，是當時的常態。殖民政府亦引入若干限制政治自由和鞏固行政權力的法律工具，比如一九一四年的《煽動刊物條例》、一九二二年的《緊急情況規例條例》（緊急法）和一九三八年的《煽動條例》，作為打壓反殖運動的利器。[3]一九六六年和一九六七年發生一系列罷工和土共（指在香港境內活動的中國共產黨）策劃的暴動，港英殖民政府於是以更雷厲的法律武器來應付，包括搜查左派工會、學校，拘禁左派工人和學生，又動用半軍事化的警隊和港督的緊急權力來鎮壓。六七暴動後，港英政權隨即推出《公安條例》，賦予警察更多權力處理公共秩序和遊行集會。

港英政府既然如其他英國殖民地一般奉行嚴刑峻法，為何又能建立起「法治」神話？卡蘿．瓊斯的解釋是，港英政府為了應付六七暴動後的管治危機，但又無民主化的意圖，故建立更廣泛的諮詢架構廣開言路，同時又透過法律系統提供若干制約和糾正權威的機制來安撫民心。但港英政府並不單靠法律體系去重建正當性，同時也生產出一套自稱中立、一視同仁的法律意識形態和「溶解人民」（dissolving the people）的手段。這套法律意識形態，將港英政府面對左派暴動的態度包裝成政治中立、不偏不倚，例如在一九六七年的「香港年報」就強調港英政府鎮壓和抓捕左派人士，只是因為他們犯了法；政府的政策目標只是要讓社會回復法紀（law and order）而已。

至於「溶解人民」的意思，按透納（Matthew Turner）的見解，是政權將居港民眾描述為一群來自五湖四海的過客，各為其主，各有各的政治忠誠；他們留港只是居民或住民，而非有民主支撐的「公民」。簡言之，就是要「溶解」人民的公共性和集體意志，消弭在港人士的一體意識，令在港人士不自覺有追求公民身分（citizenship）的權利。沒有公民身分的自覺，就不會追求民為一體（the people）的民主制度。[4]這種操作，模糊了公民身分的觀念和權利意識，鼓勵香港人追求在私人領域如消費市場和個人經濟福祉的權利，不去關注政權統治的合法性問題。

「溶解人民」之舉，強化了香港人的個體意識和家庭主義，正符合法治神話所需：強調個人行為受法律約束的意識，取代了關懷整個公民群體的政治意識；政府透過法律理性作為殖民行政（rational legal administration）的管治技術，就能保持一個理性中立的行政機構，提供社會福利、強制教育、公共房屋，又成立廉政公署（ICAC）、開設勞資審裁處、廢除富有中國傳統的習俗如納妾、通過新的法律援助條例，同時製造一些讓小市民也能享用、制衡有權有勢者的法律制度——除了直接挑戰殖民政府之外。

不過，這一系列建設，的確逐步改善市民大眾昔日對於公權腐敗、生不入官門的印象，亦增加對政府行事要公平、公正和依法的期望，民生方面亦有所改進。只是，殖民政府並沒有為大眾帶來全面的權利和自由。在六七暴動過後，政府仍然樂於以《公安條例》打壓本土社會運動。英殖政權巧妙地將強調「法紀」這個管治技術，披上「法治」——強調保障權利和阻止政權任意妄為——的外衣。這種技術的高峰，展現在一九九一年通過的《香港人權法案條例》，此法鞏固香港人的權利意識，認為香港的法律和制度是法治的體現。

《香港人權法案條例》可以說是一九八九年六月四日北京天安門鎮壓的產物。六四慘案後，香港人對中共一九九七年接收香港相當惶恐；北京也視持續支持北京學生運動的香港是一個「顛覆基地」，並修改《基本法》草稿，在有關國家安全立法的《基本法》第二十三條裡，加入禁止「顛覆中央人民政府」和禁止香港政治組織與外國政治組織聯繫的條文。[5]

英國有見於此，決定提出人權法案，將聯合國《公民及政治權利國際公約》包含的大部分權利納入《人權法案》，令香港法庭能依法保障香港市民享有公民及政治權利，繼而穩定人心。然而，即使有《人權法案》，香港人也從未享有完整的政治權利，就算港英政府於一九八〇年代初開啟地方選舉，總督也是倫敦委任；香港也不受民選的英國國會管轄，而是直屬王室。同時，若干違反國際人權標準、針對異見人士的法例如煽動罪（sedition），仍然保留在香港的刑法中「備而不用」，為中共特區政府後來厲行法律打壓留下伏筆。

法治之所以是神話，就是因為它在香港歷史上的影響，是文宣多於實情，是有利資本家而非小市民的遊戲規則，是小修小補、畫地為牢的制衡和自我糾正的機制。

卡蘿．瓊斯在文末預測中共在一九九七年接管香港後，會更樂於效法一九七〇年代而非一九九〇年代制度化人權保障的港英政府，以理性包裝的法律工具作管治基礎，並加上一系列中國特色。事實上，早在主權移交之際，臨時立法會已廢除民主派議員李卓人在主權移交前以私人法案[6]形式提出的《僱員代表權、諮詢權及集體談判權條例》，還原《公安條例》部分原已被港英立法局廢除的條文，恢復更多警方可以隨意運用的權力，凸顯香港法律維持公安法紀的面向。一九九七年，香港主權移交中共，成為「一國兩制」下的中共特區，後英殖年代開始。新政權屢屢利用英殖遺留下來的法律、法庭以至法治神話，正當化其政治打壓的行徑，並將這些都詮釋為「依法辦事」；但對同樣有法可依的人權保障，卻往往嗤之以鼻。我們在下一節可以看到，中共鍾愛的法律和法治，和今時今日講人權自由的法治觀念，的確是南轅北轍。

後九七香港的法律移植工程

後九七香港的一國兩制政策方針，由中英雙方在一九八四年共同協定的《聯合聲明》中確立，該聲明亦成為聯合國的註冊條約。

所謂「一國兩制」，主流的理解就是「一個國家，兩種制度」：香港在主權移交後，可以保留原有的英殖制度，例如資本主義經濟、普通法、獨立的司法制度和既有的行政及立法架構等。除了過渡原有制度外，中共亦在香港特區的《基本法》中承諾，聯合國《公民及政治權利國際公約》及其他國際人權保障仍適用於香港（第三十九條）、香港最終可享有全面的行政長官及立法會普選（第四十五條）。故此，對香港人而言，「一國兩制」是令香港人相信，即使受新的主權國統治，生活仍能依舊，「馬照跑、舞照跳」；日後更能享受英人從未給予的全面民主自治。

在中共而言，「一國兩制」是國家賦予香港特區的最主要政策方針和憲制秩序。由於它授權香港實行另一套制度，香港才可以維持「一國兩制」。這種權力關係是單一、單方向的，用中共前領導人吳邦國的話來講，就是「中央給你多少權，你就有多少權」。它不會考慮「一國兩制」是《中英聯合聲明》的規定，也不會考慮《中英聯合聲明》是在聯合國存案的條約。香港奉行普通法制度，港人在思想價值觀上崇尚自由主義，與奉行社會主義政法制度的黨國在政治、法律和文化等方面屢起衝突，是一國兩制的制度矛盾所導致的結果。但追本溯源，一國兩制真的是用來調解中港制度矛盾的產物嗎？政權反覆強調要化解矛盾，就要「準確理解」《基本法》。但我們應該怎樣準確理解《基本法》？在此之前，是否應先理解一國兩制的矛盾？

官方文宣經常提到《基本法》背後的一國兩制是一個「偉大構想」。但比較歷史制度，香港的一國兩制，與中共初期治理西藏和應對臺灣的藍圖一脈相承，這種論述甚至可以上溯至大清帝國治理邊疆民族的政策。一九五〇年，中共攻打西藏。翌年，西藏五人代表團到北京試圖和談，卻與中共簽下俗稱「十七條協議」的《中央人民政府和西藏地方政府關於和平解放西藏辦法的協議》。協議條文包括了要求「西藏人民團結起來，驅逐帝國主義侵略勢力出西藏，西藏人民回到中華人民共和國祖國大家庭中來」（第一條）、同意不予變更「西藏現行的政治制度」和「達賴喇嘛固有的地位及職權」等（第四條）；中共只會處理「西藏地區的一切涉外事宜，並在平等、互利和互相尊重領土主權的基礎上，與鄰邦和平相處，建立和發展公平的通商貿易關係」（第十四條）等等。

西藏達賴政府和中共建立的「一國兩制」，就是藏民接受屬於中共的「祖國大家庭」，以維持既有生活方式不變，中央只會處理外事。但這套「一國兩制」維持不到四年，中共就取消原有《十七條協議》裡的西藏特殊自治狀態。後來發生拉薩事件，中共派兵「平叛」屠城，達賴出走流亡。直至八〇年代初期，中共元老葉劍英提出〈有關和平統一臺灣的九條方針政策〉；官方後來公布〈十二條解決香港問題基本方針政策〉，成為香港一國兩制的模型，香港的一國兩制，亦成為中共向臺灣推銷統一的實驗場。

香港主權移交中共後，大陸的施密特主義學者如強世功，嘗試為中共上承大清帝國的版圖提供正當性，歌頌清朝針對邊疆地區「一國多制」的治術、中國歷史以中國為中心的朝貢體系等等，為中國的「天下觀」建立一個「多元一體」的格局，為中共管治正當性、帝國式對外擴張以及一國兩制提供理論基礎。《基本法》就是這種治術的產物。[7]

《基本法》是權宜下的產物

中共官方最近亦常提到香港要「真正解殖」或「去殖化」。對部分進步派來說，香港解殖，脫離前宗主國帝國主義的思想和制度控制，重構香港的主體性，是解決香港問題的根本大法。可是，中共所謂的解殖，不是更改帶有英國殖民色彩的街道名稱而已，而是要在香港建立符合中共利益的民族主義工程。北京大員提出香港的法律制度要解殖、「愛國」要成為香港核心價值之一，與民主、自由、人權、法治並列等等，就是要改造香港社會的價值根基，讓威權體制的法律意識形態消弭主流的自由主義價值體系。

事實上，如果真的要「解殖」，令香港擺脫殖民主義的影響，早於中英談判時就應該進行了。一九六〇年，聯合國大會通過《給予殖民地國家和人民獨立宣言》（*Declaration on the Granting of Independence to Colonial Countries and*

Peoples），指出世界人民都應享有自決權，需要「迅速無條件終止各種形式之殖民主義」。兩年後，聯合國成立「非殖民化特別委員會」，該委員會將香港及澳門列入適用《宣言》的殖民地名單。一九七一年，中共「重返」聯合國，中華民國不再是聯合國成員國。一年後，中國時任駐聯合國大使黃華旋向「非殖民化特別委員會」提出，將香港及澳門從《宣言》適用的殖民地名單中剔除。一九七二年六月，委員會通過該決議，故港、澳兩地人民無法推動聯合國認可的非殖化獨立運動。這意味著香港在二戰後曾經享有的自決權利（right to self-determination），直接被中共消解了。[8]因此，《基本法》並非解殖的成果，只是香港歷史的「權宜產物」。有別於其他英屬殖民地，香港沒有發生過一場改變政治命運的反殖獨立運動；相反，經歷文化大革命和六七暴動，香港人反而更接受英國殖民政府的管治。至八〇年代中英談判，中共明確反對「三腳凳」式談判，視香港問題為中英兩國事宜，香港人無從選擇。[9]命運無法自主，反殖獨立亦非主流意願，香港的前途就被《中英聯合聲明》決定了。

《基本法》的內容，本來是為了具體執行《中英聯合聲明》、區分中港兩地制度而制訂，它大體保持英殖時期建立的制度，可謂一種殖民傳承（colonial continuity）。但回顧歷史，經歷解殖獨立或民主轉型的國家，其制憲過程往往反映人民在壓迫和苦難過後，如何體會到自由、民主、人權和法治的可貴和可愛，將保障權利和限制政府的社會契約體現在憲法之中。香港的確缺乏這段歷史，香港人也沒有進行「全民制憲」的機會。誠然，如前面所提到的，香港在主權移交前通過《人權法案》，《基本法》也容許若干國際人權公約適用於香港，但《基本法》的草擬者全由中共選定，是缺乏香港民意授權的少數菁英產物。對中共來說，《基本法》是權宜之下的產物，旨在達到大一統而已。對香港人來說，《基本法》之所以是「權宜」的產物，與其說是當時沒有更好的選項，不如是根本沒有討價還價的能力和本錢。

上述歷史背景，說明了香港一國兩制能否延續下去，最終是視乎中共如何看待一國兩制。《基本法》的條文一方面保障香港的自由人權和普通法繼續運作，但它的本質又從屬中共社會主義法制，無可避免要承受中國共產黨和其政法制度的衝擊。中共參考蘇俄，實行社會主義及列寧主義的政法制度，憲法和法律的目的是為了促進生產力，實現社會主義制度；其前提，就是要確保執政黨（即共產黨）專政的正當性和法律基礎。換言之，憲法和成文法律，最終目的是保障共產黨安全和其生命力。[10] 對中共來說，法律和司法，是要好好抓住的政治關節，故中共中央政法委員會是司法機構的實質領導。習近平治下強調依法治國，但國家憲法明文國家由中國共產黨領導，說到底也就是黨大於法。當香港的社會政治發展，威脅到中共的經濟和政治利益，而中共經濟力量又日益強大，毋須單單依賴香港的「一國兩制」發展時，它們移植其法制及法律意識形態，從而改造香港的誘因就更大了。

超譯《基本法》、運用英殖惡法，箝制香港的司法獨立

為了有效鉗制香港的司法獨立，中共早在主權移交初期，便透過運用解釋《基本法》的權力，推翻香港終審法院有關香港人在中國大陸所生子女的居港權利之裁決，令終審法院的「終審權」變成空話。《基本法》第一百四十八條固然賦予中共全國人大常委會權力就《基本法》條文進行釋法，但該款的前提，是由

終審法院自行尋求人大常委會釋法，而非由行政當局提請，或由中共自行釋法，迫令法院依從。在普通法的傳統下，解釋憲法和法律的終極權力由法院把持；但在中共的社會主義法制下，司法機關由中共的政法委監管，不存在司法獨立；全國人大作為立法機關，卻兼具本屬司法機關的釋法權，等於司法和法律的運作、詮釋，完全由中共專斷。過去二十五年，除了一次人大釋法是由香港終審法院提請以外，其餘四次均是由執政者主動釋法，無視三權分立和司法獨立的憲政原則。到二〇一六年，人大常委更在一宗就立法會新科港獨派議員宣誓是否有效的司法覆核（違憲／行政審查）期間，自行解釋有關公職人員宣誓的《基本法》條文（第一百零四條），最終引致六名反對派議員被剝奪議席。

「人大釋法」是《基本法》條文認可和規範的機制。但中共亦以其他手段，落實其專制的法律議程。既然《基本法》對中國而言，只是邊陲地區治術的一部分和權宜的產物，在黨大於一切的社會主義法制下，政權可以完全放棄法律理性，以國家安全和行使監督權為名超譯《基本法》。二〇一四年起，中共透過《一國兩制白皮書》[11]重構《基本法》的論述、以人大常委決定僭建《基本法》

的框架，甚至推行《港區國安法》，進一步改造香港普通法和司法機關，成為中共近年直接衝擊香港的三門「大炮」。

正如英殖年代，殖民政府要建構既行普通法，又保留惡法的司法制度，必然有各種配套去完善這個殖民法治工程；同樣的，今日政權要牢牢抓住香港的法律制度，「名正言順」壓倒香港社會篤信的法治和司法獨立，就要有全面的策略。除了繼受和活用殖民遺產如《公安條例》、《刑事罪行條例》中的「煽動罪」等嚴刑峻法來打壓異見者外，更要將中國大陸的威權法制和意識形態移植到香港。

以白皮書創造「全面管制權」之論述

中共最擅長的，就是意識形態鬥爭和建立統一戰線。意識形態之所以造成「鬥爭」而非「論爭」，是因為它不只是紙上談兵，而是國家透過權力操作，加諸制度文化和日常生活的策略。

中共首先針對香港的高度自治和司法獨立，創造了對港「全面管治權」的論述。二〇一四年的《一國兩制白皮書》，明言全國人大常委會除了擁有香港《基本法》明文的解釋權外，還包括修改特首及立法會選舉的決定權、「對香港特別行政區立法機關製定的法律的監督權、對香港特別行政區進入緊急狀態的決定權、以及向香港特別行政區做出新授權的權力」。官方如何落實這套論述呢？二〇二〇年，當中聯辦被指干預香港內部事務，它就反駁指港澳辦和中聯辦有權就立法會事務等發聲及行使監督權。這個「監督權」，就源出於白皮書。但白皮書既非憲法，又非《基本法》，只是國務院的文件而已。

白皮書更明言，除了行政和立法機關人員外，連各級法院法官和其他司法人員也屬於「治港者」，要承擔「維護國家主權、安全、發展利益，保持香港長期繁榮穩定」的職責，而「愛國」就是對治港者的基本政治要求。司法能否獨立運作而不受干預，除了關乎法庭裁判，也關乎司法人員——尤其是法官——的任命是否有公信力，以及法官們能否保持無黨無派，抑或是要執行具體政治任務和展現政治忠誠。無論在民主或威權政體，任命法官本身就是一個極度政治化的行為，折射出政府和司法機關之間的張力。但民主政體任命法官，總有立法機關制衡，而司法機構本身亦能有效制約行政或立法機關濫權或越界，體現三權分立；

在威權政體之下，儘管有行政、立法和司法三個部門運作，但實質的權力關係極不對等，統治者——無論是執政黨、軍方或獨裁者——總是淩駕司法。

中共治港論述，正好否定「三權分立」的原則和價值。北京針對香港社會崇尚的三權分立，就建構「三權合作論」來反駁。早於二〇〇七年，時任中共國家副主席的習近平來港，公開表示行政、立法和司法三權要合作，引起當時香港法律界反彈。到了二〇一五年，中聯辦主任張曉明指香港特首超然於三權之上，此說法就是否認三權分立互相制衡的精神，矮化立法和司法機關。中共落實的辦法，是要港府在二〇一九年修訂《逃犯條例》，砍掉立法會審議移交逃犯的角色，改成由行政長官單方面決定是否啟動移交逃犯程序，並直接交由法庭審理。法庭面對能隨時在案件審議前後及期間解釋《基本法》以影響判決的全國人大常委會，說真的，能毫無畏懼、不考慮拒絕移交逃犯的政治後果而做出裁決，極為不可能。

雖然最終政府無法通過修例，但其後人大法工委[12]和港澳辦先後評論香港有關《禁蒙面法》的司法覆核案件，當原審法庭判決該法違憲，人大法工委就指斥此裁決對社會構成負面影響，更指香港法律是否符合《基本法》，只能由全國人大常委會定奪，其他機關包括法院均無權對此做出判斷和決定。到後來當港府在上訴庭就原審法庭的裁決勝訴後，當時案件仍可上訴至終審法院，北京官方又點評該裁決有利於特首和政府施政，迫不及待為該案一錘定音，這種狀況下，終審法院如何自處？最後，終審法院判決港府勝訴，維持上訴庭認為《禁蒙面法》和《緊急法》均合憲的結果。中共在此案多次公開表態，對香港司法的影響實在不言而喻。

統戰香港法律菁英

政權要將這套威權法治的意識形態移植到香港，除了運用制度權力，還需要有一群法律菁英，以律師的專業形象和語言，為政權抓緊法律制度護航。這就是中共統一戰線的工作。中共對港法律菁英的統戰工作，早在主權移交前便已開始，包括邀請法律界菁英參加《基本法》起草委員會、邀請大律師（barrister）或事務律師（solicitor）在國內擔任政協、在二〇〇四年中港「更緊密經貿關係」

的框架下，開放大陸法律服務市場供香港和大陸的律所、律師協會相互合作，甚至扶助成立香港本地法律組織推廣官方的法律觀點等等。

在二〇一四年《一國兩制白皮書》發布兩年後的立法會選舉，建制派扶植不少具有事務律師或大律師背景的人士當選議員，其中有些人不諱言得到中聯辦支持。他們就任初期，就在親中媒體提出要建立跨黨派的「律師合作平臺」，表面上是要「澄清法律觀點」，實則就是要「對沖」民主派自由主義味濃的法治論述，增加中共社會主義法律觀的曝光率。

香港的法律專業繼承英國制度，包括大律師和事務律師，前者專責訟辯，後者則負責興訟及其他法律服務。相對於自僱和無法在內地執業的大律師，律師事務所因著二〇〇三年《內地與香港關於建立更緊密經貿關係的安排》之便，獲得聯營內地的法律服務市場、協助中資來港首次公開募股等商機，負責規管事務律師的香港律師會和大陸各省市政府的關係自然就更為密切。經濟誘因對專業組織運作有無影響？二〇一九年律師會改選，有律師會理事在社交媒體透露他收到對話截圖，當中有人表明「中聯辦希望你在今屆律師公會改選時支持下列人士」，並附上一張包括立場被指親建制的名單，令人質疑中聯辦是否連專業公會的內部選舉也要控制，這正是一個中共統戰法律界的例子。

那麼，香港法律專業團體有無為政權的法律觀及其法律菁英背書？二〇一四年，中共頒布白皮書以後，當時的律師會會長公開要求法官愛國沒有問題，又公開稱讚中國共產黨，最終被會員以大比數投下不信任票而黯然下臺；二〇一六年立法會選舉後，律師會在官方刊物訪問五名新當選的建制派律師並做封面人物，但當屆其實共有十三名有法律專業背景人士當選議員，這等於選擇性為親中律師做宣傳。二〇一九年反修例運動期間，時任律師會會長彭韻僖先後在電臺節目和法律年度開幕典禮發言，強調「法治基本概念是守法」、「即使違法仍可維護法治是明顯謬誤」等等。她的說法和官方「依法治國」、反對公民抗命體現法治的觀點不謀而合。由於她當時是以律師會會長的身分演講，客觀而言，就是以律師會的權威，公開推廣符合政權利益的守法論述。

價值尚未滅絕

香港法治體制之所以出現嬗變，可說是由三個因素結集而成：一，中共有效利用英國殖民主義的法律遺產，包括法治神話和嚴刑峻法；二，中共透過直接法律和政治手段，改變香港司法獨立的原有格局；三，中共培植、統戰本地法律菁英，建立以法律專業為名的「護法陣營」。正因如此，香港法治和司法制度的土崩瓦解，並非單純是因為二〇二〇年的《港區國安法》；在二〇二〇年以前，中共已透過《基本法》確立的權力結構、移植其法律意識形態及培植親共法律專業社群，逐步削弱香港法制在保障人權和限制行政當局濫權的影響力。

那麼，這套「國家級操作」，又是否完美無瑕、牢不可破？

文首引述的學者卡蘿．瓊斯曾強調，經過一九九〇年代各種事件洗禮的香港人，其法律意識已今非昔比，他們要求法律應一視同仁的想法既根深柢固，又逐漸興起追求公民和政治權利的意識。除非主權國和香港人有一致的「中國人意識」（Chinese-ness），取代追求民主和人權的優先性，否則香港人極難再被「溶解」。

香港由宗主國易手到主權國，法治神話是否破滅了？其實，既然是神話，真正的問題是我們對之是否仍然篤信不移。對傳統法律菁英來說，只要不斷重覆宣稱香港有法治、有司法獨立、有人權保障，就以為可以「弄假成真」。例如二〇二一年，終審法院前首席法官馬道立在退休前法庭儀式上致辭，重申「重視權利和自由是《基本法》的根本要點。《基本法》是全國人民代表大會根據《中華人民共和國憲法》制定的憲制文件，是所有關乎香港管治制度討論的起點」。行將卸任的大法官藉《基本法》重申人權自由，但國安警察和法庭卻以法律和法庭手令（搜索票）清算異見人士，馬道立的聲明，實在蒼白無力。

唯有鞏固香港人的人權意識，才能令香港人保持警惕。事實上，香港社會經歷八九民運、英殖政府晚期推行的局部民主選舉、人權及公民教育等等，加上主權移交後種種關乎人權自由的社會運動，的確建立了強烈的公民意識。健全的法治社會，不單只要有制度建設，還要有民眾的法治意識，包括認同民主問責、公民身分、基本人權、反對人治等等。畢竟制度匱乏，不等於價值滅絕；如果社會的政治及法律價值觀足夠堅固的話，制度要移植新的價值體系和意識形態到社會中，殊非易事。

4 後英殖司法系統的「安全化」

——香港國安體制下的法律、法官與法庭

二〇二〇年五月，中共全國人大通過一項議案，題為「全國人民代表大會關於建立健全香港特別行政區維護國家安全的法律制度和執行機制的決定（草案）」，意即中共將繞過香港特別行政區的立法機關，自行草擬、制定、通過在港實施的《港區國安法》和執法機關。該法最終在同年六月三十日深夜生效。政治學者裴敏欣曾撰文指出，中共之所以強加《港區國安法》於香港，觸發點源於二〇一九年反修例運動期間，有示威者在七月二十一日晚上到位於香港島的中聯辦（即中共在港的權力核心）示威時，向國徽潑墨；隨後，中共外交部向港澳辦先後發出聲明表示威者已觸碰一國兩制底線，到同年十月，中共決定在港實施

《港區國安法》，打開香港國安年代的序幕。[1]但裴氏亦指，落實《港區國安法》的原因，還在於習近平二〇一七年在港宣示的底線思維。本章中，我將探究《港區國安法》的前世今生，尤其是對香港法治和獨立司法制度的影響：在後英殖年代，中共如何以國家安全的名義，在港建立更「完善」的威權法律體制？

國安體制的前奏

一九八九年，正值中共草擬在香港主權移交後適用的《基本法》（後來俗稱香港特別行政區的「小憲法」）期間，北京爆發天安門學生運動，當時香港民眾大力以言以行支援學運，但學運最終在同年六月四日被中共以軍隊鎮壓收場。及後，北京視即將收回主權的香港為心腹大患，認為香港可以是顛覆中共的基地，故在最終版本的《基本法》草案，於有關特區政府為國家安全自行立法的條文（即第二十三條）中，加入兩項新罪行：「顛覆中央人民政府」和「禁止香港特別行政區的政治性組織或團體與外國的政治性組織或團體建立聯繫或進行政治活動」，有備無患。[2]

二〇〇三年，政府提出《基本法》二十三條立法草案，社會各界紛紛反對，由於政府拒絕讓步，激發超過五十萬市民上街抗議立法，最後政府因無法取得足夠票數通過立法而決定撤回草案至今。香港人的民主意識在該次反二十三條立法運動後大大提高，促使北京改變對港政策，由過去高度尊重「港人治港、高度自治」的治港方針，逐漸轉變為擴張中共在港政治、經濟及社會的影響力和可控力。

二〇一三年，習近平上臺，在中國大陸厲行一系列反自由主義（illiberal）的政策，包括在大學提倡「七不講」，禁止討論公民社會、三權分立等西方或普世價值；[3]推廣「總體國家安全觀」、在大陸通過《國家安全法》、《境外非政府組織境內活動管理法》以控制公民社會，又透過「709大抓捕」，打壓和拘禁維權律師的生存空間等等；至二〇一八年中共修憲，取消國家主席任期限制、確立中國共產黨的領導地位，以延續習近平和中共絕對的執政權。[4]習近平領導下的中共，在治港方針上，相比江澤民、胡錦濤主政年代，更積極強調香港要維護中共的國家安全。比如，二〇一四年，中共國務院出版針對香港普選爭議的《一國兩制白皮書》，提出中共對港有「全面管治權」，以及維護國家主權、安全和發展利益的重要性，甚至要求本應維持意識形態中立的法官也要揹負這項政治任務。在其後，當北京大員來港，也多次申述這些要求。儘管香港政府一直對何時重啟二十三條立法不置可否，但早在數年前，已有香港法律學者、現任香港大學法學院院長傅華伶指出，如果香港政府一直將二十三條束之高閣，當北京按捺不住時，也許就會直接為香港訂立《國家安全法》。[5]如今看來，的確一語成讖。

三位一體的香港國安法制：殖民舊法、《基本法》第二十三條與《港區國安法》

自《港區國安法》於二〇二〇年六月施行以來，香港的政治和司法制度已被徹底改變。[6]在整個體制改變的過程——不只是《港區國安法》帶來的新罪行和執行機關——至少具備三個特點：

1.當局更廣泛地運用殖民地時期的威權法條和更多的本地立法，擴充所謂「香港維護國家安全的法律制度」，刑罪化處理更多具對抗傾向的行動者及民間活動，建立三位一體的國安法制；

2.以《港區國安法》賦予「警、檢、政、法」權力，大幅增加抗爭者的政治及法律代價，製造更大的寒蟬效應；

3.當局透過標榜「愛國者治港」的新選舉制度，建立「選舉安全」的宏大敍事，配合一系列法規，令議會成為維護政權安全的櫥窗。

在本書第一部，我們探討過殖民帝國在其殖民地建立有別於本國的行政系統和法律制度的經驗，例如普通法制度的老祖宗英國，如何移花接木，將局部的普通法系統配合嚴刑峻法移植到殖民地，以鞏固其政治控制。

香港和其他英國殖民地一樣，有不少針對反殖管治和異見者的威權法規，也伴隨從宗主國移植的普通法體系而來。它們的特色，便是賦予行政機關可隨意運用的權力來進行政治審查、清算反對聲音，建立一個以威權法規支撐的法律體制。誠如上一章提到，早在二十世紀初，港英政府便先後通過《社團條例》、《教育條例》、《煽動刊物條例》來管制地方社團、非官立學校和出版事業，進行嚴格的結社、教育和新聞審查；前面兩部條例經歷修訂，仍然沿用至今。

一九九七年香港主權移交後的《社團條例》，經由中共委任的臨時立法會修訂，加上新條款，明文規定社團事務主任可以以「維護」國家安全或認為某一社團與外國政治性組織或臺灣政治性組織有聯繫為由，在諮詢保安局局長後，即禁止該社團或該分支機構運作或繼續運作。換言之，早在《港區國安法》落實以前，國家安全的概念已經嵌入和結社自由相關的法規中。在二〇一八年，保安局便以國家安全為由，宣布禁止香港民族黨[7]運作，成為首個因政治主張被視為抵觸國家安全而強行取締的政團。至於用來規管學校和教師牌照的《教育條例》，大權同樣落於行政官員手上：教育局常任祕書長——一位毋須擁有教育專業經驗或資格的公務員——只要認為某教學人員「不稱職」、「行為足以構成專業上的失當行為」或「不利於維持該教員任教的學校的良好秩序及紀律」，即可取消該教員的專業資格（註冊牌照，臺灣是教師證）。[8]在《港區國安法》通過後數月，香港教育局依例取消兩名小學教師的註冊牌照，其中一人被指控藉教材和教學散播港獨訊息，但香港的教師工會「教育專業人員協會」（已於二〇二一年八月解散）則指該教材只是用作教授「言論自由」時的舉例。

同樣是殖民遺產的《緊急情況規例條例》，更賦予香港行政長官極大的權力禁止遊行集會自由、表達自由和新聞自由，亦能達到政權眼中「維護國家安全」的效果。這部於一九二二年制訂的緊急法，賦予行政長官的權力還包括管制出版刊物、文字、通訊、運輸、沒收私人財產、懲處違反規例人士等等，令行政當局能繞過立法機關、公眾諮詢、甚至避免司法審查來行使公權力的「尚方寶劍」。[9]

今日港府經常用作拘捕和平示威者及禁止和平公眾集會的《公安條例》，本來在主權移交以前，就已廢除遊行集會的發牌制度；但主權移交後，臨時立法會「復辟」若干條文，再次要求公眾集會須先得警務處處長發出不反對通知書方可合法進行；警務處處長亦有酌情權，隨時可以中止合法遊行集會。[10]在《港區國安法》通過前後，香港民眾仍然有零星的公開抗議，警方除了以限制社交距離的法規來驅散集會外，最常用的便是《公安條例》下的「參與未經批准集結罪」來拘捕民眾。二〇二一年，多名香港民主派領袖先後入獄，便是因為參與和平但未經警方批准的集結，被法院根據《公安條例》來判監。[11]

前文所述的《煽動刊物條例》，雖已成廢法，但「煽動罪」至今仍保留在《刑事罪行條例》，成為今日港府經常用作以言入罪的法律工具。[12]該條例所指的煽惑罪，包括煽惑軍隊和紀律部隊離叛、發表煽動文字、刊印、輸入或分發煽動刊物等等；「煽動」的意思，則指「引起憎恨或藐視」中共中央、「激起香港居民企圖不循合法途徑促致改變其他在香港的依法制定的事項」和「慫使他人不守法或不服從合法命令」等等。[13]

在《港區國安法》通過後，當局便引用煽動罪來拘捕、起訴涉及發表「危害國家安全」言論和訊息的市民、傳媒人和抗爭者，包括五名出版兒童寓言讀物《羊村十二勇士》的言語治療師總工會理事；民主派初選案的被告之一譚得志

——他在街頭演講被警方視為「引起對政府憎惡」故被拘捕。[14]在二〇二一年六月，至少五名普通市民因涉嫌派發港獨傳單、在居所外懸掛寫上「光復香港、時代革命」的旗幟，或在屋苑內貼上相關口號貼紙，而被警方以發表煽動文字或刊物拘捕。在二〇二二年，新聞學者區家麟因在《立場新聞》發表文章被國安警察以煽動罪拘捕；一些在網上發表反對新冠疫苗言論的青年也陸續被捕和遭起訴，甚至被判監囚六至七個月。[15]這些案例反映當局應用煽動罪的範圍相當廣泛，不論是知名人士，抑或平民百姓，只要涉及發表異見，即可成為以言入罪的目標。

早在《港區國安法》通過前，香港中聯辦主任駱惠寧已強調要「激活」維護國家安全的法律；《港區國安法》通過後，北京法學權威、現為港澳辦安全事務司司長的王振民編著《香港特別行政區維護國家安全法讀本》，提出香港維護國家安全的法律制度由三方面的法律構成，包括一、《香港基本法》的有關規定和第二十三條立法；二、香港原有法律中關於維護國家安全的規定；三、國家層面的國家安全立法。

上述各種殖民時代承傳下來的法律遺產，正正是王振民所指的第二類法律；

它們一方面將本地政府「維護國家安全」的職責由警方國安處擴大至其他政府部門職系，另一方面亦令原本並非負責國安工作的執法部門可以分擔國安處的工作，令國安體制更有效率地延伸到專業界別和民間組織的規管工作。

不得不提的，還有前文提到、已醞釀多年的《基本法》二十三條本地（指香港）立法。《港區國安法》第七條要求，「香港特別行政區應當儘早完成香港特別行政區基本法規定的維護國家安全立法，完善相關法律。」但既然《港區國安法》的罪行定義和內容涵蓋如此廣泛，何以《港區國安法》仍然要求《基本法》二十三條立法？香港大學法學院院長傅華伶撰文指出，既然《港區國安法》第一條明言是根據《基本法》而制定，故《基本法》已保留了高於《港區國安法》的法律地位，仍是香港最高法律。至於《港區國安法》對二十三條立法的要求，只是用來反駁「《國安法》違反《基本法》二十三條自行立法」的說法；即使「《國安法》及二十三條在形式及實質上大量重疊」，但條文已表示人大常委會只是開始維護國家安全立法的工作，最後還是要由香港政府依《基本法》去完成立法。[16]《基本法》二十三條立法，本質上是北京以法律形式給予香港政府的政治任務。

現時《港區國安法》的「顛覆罪」和「分裂國家罪」，已對應《基本法》二十三條裡「分裂國家」和「顛覆中央人民政府」的行為；至於「叛國」、「煽動叛亂」、「竊取國家機密」和「外國政治組織聯繫」等行為，實則已和上述的《社團條例》、《刑事罪行條例》及同樣是現有法例的《官方機密條例》重疊。既然如此，當局要推行二十三條立法的用意，更可能是藉此重組、強化本地保護政權安全的法例之阻嚇性及應用範圍。例如，強化煽動罪的應用範圍和加強懲罰機制，又或者將香港現有的《社團條例》的國安條款納入二十三條立法，擴大應用範圍至宗教團體，這麼一來，作為主權國家的梵蒂岡將來在任命香港天主教會的主教時，可能已構成外國政治組織在港活動、觸犯《基本法》二十三條的證據。

二〇二一年起，京港官員不斷提出要盡快進行二十三條立法，港府亦明言會將煽動罪和反間諜罪加入新的二十三條草案。可見二十三條立法通過後，由《港區國安法》、《基本法》二十三條和原有本地法律這「三頭馬車」組成的「維護國家安全法律制度」，將更加牢固。

「警、檢、政、法」成為不折不扣的政治工具

中共為香港建構上述三位一體的國安體制，可謂一套全面強化「威權法治」的工程。此工程令整個刑事制度（criminal justice system）成為不折不扣的政治工具，這尤其體現在香港刑事法庭的表現上。

儘管香港的司法制度往往被國際組織賦予高度評價，諸如在司法獨立和廉潔等範疇，在亞太區均數一數二；但事實是，香港法院從來就缺乏民主制度的保障，法庭針對行政機構或法例的違憲審查，雖則有時會考慮國際人權法（如聯合國《公民及政治權利國際公約》）做裁決，但面對涉及主權國即中共的憲制爭議時，往往採取保守或迴避的態度；中共亦能利用全國人大常委的權力，在香港法院審訊前後甚至期間繞過法院解釋法律，影響裁決。在權力極不對等的情況，香港的司法機構無法享受在自由民主體制下的三權分立，其國際聲譽，只是源於它處理商貿及民事爭議上的優秀表現。

在香港落實《港區國安法》前，本地法庭在審理有關社運人士和平抗議、公

民抗議甚至含有暴力元素的抗爭案件，公眾的輿論矛頭，多數指向並批評負責檢控工作的律政司窮盡本地刑法進行政治打壓。香港法庭對於和平示威者的判刑，例如參與未經批准集結者，也多是罰款及自簽擔保守行為（又稱簽保守行為，Binding over）了事。[17]但《港區國安法》通過後，大部分以《港區國安法》或非國安法罪行做檢控、與公眾遊行或言論有關的案件，法官以和平集會可能有潛在暴力威脅為由，提高參與未經批准但和平進行的集會人士之刑罰，由過去罰款了事提升到即時監禁數月甚至一年，與含有暴力元素的參與「非法集結」罪判罰相近，阻嚇社會大多數的「和理非」（和平、理性、非暴力）社運參與者。法庭此舉，藉著模糊和平集會與暴力抗爭之間的界線，嚴刑重判和平抗爭者，更鞏固以國安和維穩凌駕一切公民權利的話語，製造更大的寒蟬效應。

除了法庭的嚴刑重判，政權亦以《港區國安法》賦予「警、政、法」的權力，大幅增加抗爭者的政治及法律代價；《港區國安法》的《實施細則》則容許「警」察及行政當局毋須法庭手令就可以搜屋、封網、竊聽、凍結資產、要求有關人士披露保密資料，否則就會面臨刑責；「政」府首長（即行政長官）負責指定法官審理國安案件、隸屬行政機關的律政司長可以要求取消陪審團參與有關審訊。「法」庭在國安案件中，改變了一般刑法「無罪假定」的原則，被告需取得法官採納其不會危害國安才可取保候審（被保釋）；法庭可因應情況而選擇閉門審訊；北京當局亦可在其認為的特殊情況將國安案被告「送中」審訊。凡此種種，削弱了被告在國安審訊的公平、公正和公開的待遇，加重被告的政治、法律以至家庭和心理代價。

更重要的是，政權將打壓反對派的戰場由街頭及議會移師到法庭，將政治審訊包裝為平常的法庭案件，以法律技術和案件管理減低公眾對於這些案件的敏感程度。官方刻意強調處理國安案件是依法辦事，不涉政治；但《港區國安法》的罪行本身就是典型的政治罪行，如以言入罪的煽動分裂、以中共「反革命罪」為藍本的「顛覆國家政權罪」等等。檢控方運用冗長的行政程序和預備文件的過程，拉長國安案件的候訊時間，不少被告亦因不獲保釋而長期處於未審先囚的狀態，但檢控和法庭卻強調這只是行政和技術安排，意圖為此等政治審訊降溫，削弱公眾對案件的關注和熱情，同時藉法律技術隱藏審訊背後的政治本質。

「愛國者治港」下，議會政治只是展示櫥窗

中共這場針對香港社會的「法律戰爭」（lawfare），除了依賴法制和法庭，也要確保政權的行政及立法機關會完全配合這場「硬仗」。是以在二〇二一年二月二十八日、政權一舉拘捕四十七名民主派初選參加者及組織者——他們大部分是反對派政黨骨幹和社運領袖，其後一星期，中共全國人大便宣告要大幅修改香港的選舉制度，以確保「選舉安全」和「政治安全」的名目，進一步加強控制行政長官和立法會的產生辦法，排拒反對派參選。[18]

二〇二一年三月三十日，人大常委會通過修改香港《基本法》載於附件一和附件二的特首選舉、選舉委員會（選委會）選舉和立法會選舉的產生辦法和表決程序，造就「愛國者治港」的新局面。這個新的選舉制度，主要透過以下四種手段，鞏固政權的「選舉安全」。

第一種手段

透過擴張選委會，讓中共直接操控的體系、組織、企業大舉進場，主導行政長官及立法會選舉結果。香港負責推選行政長官的選委會，重組委員會的組成辦法，比如將原本由界別選民一人一票產生的委員，改為由官方委任的組織推選產生。

當局亦擴大選委會的議席，在原有的一千二百名由不同工、商、專業及政治界別等產生的委員外，加入三百席由全國人大、全國政協和全國性團體香港代表的議席，占選委會總議席五分之一；同時，在原有選委會界別分組插入中共在大陸的不同官方機構代表和中資企業代表成為提名而非選舉產生的委員，例如中國法學會、國家財政部聘任的香港會計諮詢專家等。

立法會同時新增由選委會產生的四十個席位，數量比改制後的地區直選議席（二十席）和功能團體（三十席）更多；功能團體亦新增了由中資代表的「商界（第三）」界別，以及「香港特別行政區全國人大代表香港特別行政區全國政協委員及有關全國性團體代表」界別。選委會在立法會選舉，享有提名權來控制誰能參選：每名候選人必須在選委會五個界別中各取得若干提名票方能報名參選。此舉有別過去由一般選民或功能界別選民直接提名的做法，令選委會藉提名參選來操縱參選人的權力擴展到立法會選舉，中共因而更能有效地直接藉著參選門檻來篩選參選人。

第二種手段

「此長彼消」，讓民選議員在新制度的影響力和議價能力大幅倒退。選委會由民選區議員互選產生的議席全數取消，由政府委任的「分區委員會」、「地區撲滅罪行委員會代表」、「地區防火委員會代表」和「內地港人團體的代表」取代。在立法會議員於二〇二一年十二月增加到九十人後，地區民選議席由原本占議會一半的比例（三十五席）降至低於四分之一（二十席，二二%左右）。代議士代表的「民意」，在議會再無制度上的影響力。而且，港府透過修改本地的《二〇二一年公職（參選及任職）（雜項修訂）條例草案》，提出「正面清單」及「負面清單」各一，作為判斷公職人員宣誓是否有效或發假誓的依據，但一個公職人員當選前後的言行是否符合清單，卻由行政機關決定。港府指出：

> 負面清單的行為主要包括做出危害國家安全的行為或活動；拒絕承認中華人民共和國對香港特區擁有並行使主權；宣揚或支持「港獨」主張；尋求外國政府或組織干預香港特區的事務；做出損害或有傾向損害《基本法》中以行政長官為主導的政治體制秩序；侮辱或貶損國歌等國家主權象徵和標誌。[19]

換言之，即使是民選議員，他們否繼續履行公職，端視行政機關對他們有多包容。政權大於民權，民選代表為了自保，向政權討價還價的能力當然大不如前。

第三種手段

將選舉制度納入國安體制之中，加設「香港特別行政區候選人資格審查委員會」（資審會），負責審查並確認選委會委員候選人和行政長官候選人的資格。

香港國安委和警務處維護國家安全部門會審查參選人，向資審會提供意見書。就算司法機關也不能審查任何資審會根據國安委所做出的決定。換言之，國安部門凌駕文職公務員體系和司法機構，取代過去由香港本地公務員主導的參選人提名審查，司法機構過去審視選舉公正的制衡角色，在國安體制下幾近被完全閹割。

第四種手段

將各類選舉活動的權利刑事化，擴大以言入罪的範圍。人大常委決議，香港政府要在本地立法「規管操縱、破壞選舉的行為」，當二〇二〇年民主派「初選」被定性為非法操控選舉、甚至涉嫌顛覆國家政權的活動，何謂「操縱、破壞選舉」的行為，再也無法用常理解讀。香港政府透過本地立法，禁止公開鼓吹在選舉投白票（空白票）或廢票，否則會被視作煽惑破壞和操控選舉，可被判監。在二〇二一年十二月立法會選舉前後，政權便先後拘捕和起訴在社交媒體轉載「呼籲投白票」或「投廢票」的帖文，當中有人已被判監至少二個月。[20]人民公開宣傳杯葛選舉，就已等於破壞選舉，以言入罪的寒蟬效應，實在顯而易見。

總而言之，《港區國安法》改變香港的政治和司法生態，不僅體現在該法的執行層面。中共在港的國安工程，也會活用香港殖民年代遺下的「法律武器」，以及進行維穩及反恐工作的策略手段。同時，北京以維護選舉安全和愛國者治港的理論來對香港選舉制度大動手術，令香港的政治體制成為維護國家安全之盾；如今當局針對香港的民間活動和反對聲音，則以各式各樣的法律工具和反恐輿論為利劍，為「安全化」香港社會、實施全面社會控制鳴鑼開道。

《港區國安法》下的例外法庭

《港區國安法》對香港司法制度最弔詭的影響，和其他威權政體一樣，是政權既要削弱司法機構在國安系統的影響力，同時又要依賴司法制度厲行嚴刑峻法，懲罰、震懾所謂「危害國家安全」的人士和組織。在這種微妙的行政－司法關係下，一方面行政機關能恃《港區國安法》，延伸長臂到司法機關的人事及審訊模式，削弱司法機構的獨立自主；另一方面，部分法官亦會基於不同理由，主動配合政權以法律和法庭為武器的做法。

根據《港區國安法》，除了特首能指定法官審理國安案件外，主管公共檢控的律政司亦能隨時撤銷陪審團參與審理國安案件，既毋須給予辯護理由，法庭也不能推翻律政司的指令。二〇二一年中，《港區國安法》指定法官李運騰頒下判辭，拒絕受理《港區國安法》首名被告唐英傑的司法覆核申請。[21]申請的背景，是唐英傑被控觸犯《港區國安法》下的煽動分裂國家和恐怖活動罪，律政司引用《港區國安法》第四十六條發出指示，將在高等法院以三名法官取代陪審團審訊。唐英傑指律政司並無就指示提供合理理據，故提出司法覆核。

香港的刑事審訊制度，唯有高等法院才設有陪審團。陪審團的責任，是按證據和證供判斷被告是否罪名成立。但陪審的意義，遠高於純粹協助法官判決。陪審制度能夠透過公民參與審訊，保障被告的法律權利，令民主政治可以更健全發展。正如辯方在入稟狀所指，面對嚴刑峻法，陪審制度能保護被告免於暴政逼害，亦確保政權應用刑法，能順應平民百姓對公平正義的觀念；而且，如果法官被視為偏頗政權，偏離大眾看法，社會大眾或者會更接受陪審團的裁決。可以說，陪審制度能夠制衡政權控制的檢控方和法官在審訊時的超然權力。儘管陪審員的權力總會受到不同限制，但其制衡力量，面對控辯判三方權力極不對等的法庭設計，已經是一道重要防線。

反過來說，陪審團也是培養公民德性和公共意識的重要平臺。擁抱公共價值的公民，才能發揮保障公平審訊的制衡作用。十九世紀初，托克維爾撰作《民主在美國》，提到陪審團不單只是法庭的制度，更是體現共和民主的政治制度。他論述陪審團的公共意義時如是說：

> 陪審團的制度令民眾——至少某階層的公民——分享到司法權威。陪審團制度繼而促進民眾或該階層的公民更能關注社會……陪審團最大的優點是啟迪民智。它或被視為一個公共學校，讓陪審員學習行使其權利、和社會最上層的菁英對話，在法官、律師和其他審訊持份者身上實質熟悉當地法律。22

托克維爾的詮釋，表面看來相當菁英主義。但他其實是藉此說明，要鞏固民主，培養國民的公共和社會意識以及公民參與相當重要；而陪審團制度正好能發揮這項功能。在最理想的情況下，陪審員在審訊過程，透過瞭解案情、反思控辯雙方的論點和證據，和其他陪審員不受干預地商討，判斷被告是否有罪。這個判斷的過程，同時是審判控方和法官對案件的看法。換言之，即使控方濫用權力和程序來對付被告，甚至法官表現得處處維護控方、對辯護者不公等等，只要陪審員做出裁決，認為被告無罪，就等於摑了控方和法官一巴掌。

用一個反例來說，新加坡本來一直承襲英式陪審團制度，但自李光耀掌政後，他因為不滿陪審團判決，在一九六九年廢除了該制度。廢了陪審制，令法庭更加菁英掛帥和「離地」，也減低了國家進行政治審訊和司法迫害的阻力。

李運騰法官的判決，有沒有照顧到以上的觀點？答案是沒有。李運騰對陪審團維護司法公義和民主的功能避而不談，一開始就直言陪審團在香港並非絕對權利，比方在九七前，有陪審制的高等法院可以將刑事案件移交到沒有陪審制度的下級法院審訊。但這個說法，根本和本案毫不相干；同樣，李運騰論述檢控部門有全權決定案件交由哪一級法院處理而不受干預、只要被告在高等法院獲撤控就不享有陪審程序等等，亦只是混淆視聽。因為本案的焦點，並非要求政府交代下級法院不設陪審團的理據，而是針對律政司一紙公文便可以廢除高等法院在國安案件使用本來必須設有的陪審制度，此一做法是否合理。法庭基於特殊原因而增加或廢止刑事程序，總要給予合理理由，這亦是國際人權標準所要求的：

在法庭和裁判所前一律平等還要求同一案件由同樣的訴訟程序審理。例如，一旦制訂特殊的刑事訴訟程序或特別設立法庭或裁判所，以審判某類案件，則必須提出客觀和合理的理由，證明有理由這樣做。[23]

然而，在國際人權標準的要求下，李運騰選擇強調《基本法》第六十三條賦予律政司檢控不受干預的權力作為擋箭牌，拒絕受理司法覆核申請，等於表示《港區國安法》第四十六條已無可爭辯之處。這類判決再一次反映片面詮釋法律條文的問題，只著眼依法而治的所謂法治觀念，忽略真正的法治必須限制政權的權力，保障人民的權利。李運騰的判辭，就是避重就輕、高舉政權壓倒性權力的一個顯例。

或者，李運騰判辭唯一說得準確的地方，可能是他指出《港區國安法》創造了一個在高等法院沒有陪審團的「刑事審訊新模式」，容許律政司決定是否以此模式處理國安案審訊。李運騰的說法其實已留有餘地，因為這個新模式，實質上就是一個例外法庭。以特別法庭來處理政治審訊，在威權國家並不罕見。《港區國安法》的條文要求特首全權委任指定法官，特首又可以用一紙證書確認某行為活動是否關乎國安，容許取消陪審團、閉門審訊，甚至在更特殊的情況下將被告送交最高人民法院審訊等等，等於開設一個有實無名，專門應付國安案件並享有不少特權的特別法庭。這個有實無名的制度特色，就是行政權力完全凌駕立法機關和司法機關的制衡權力，取代了香港過去篤信的「三權分立、互相制衡」原則。當立法機關或司法機關無法制衡行政機關、反而要事事配合行政機關的指令和政策時，行政機關的權力就可以不受節制地擴張、甚至被當權者濫用，造成「三權合作，行政獨大」的局面。

這種安排有無歷史和理論基礎？如本書第一篇所述，只要回顧一下德國二戰前的司法史，讀讀強世功、陳端洪等中國學者推崇備至的法律學者兼納粹黨員施密特之著作，就知道政權在原有規範運作的法律體制（normative state）之上增設例外（exception）安排，是如何便利主權國建立特權體制（prerogative state），進一步收緊對司法系統和全社會的控制。24

李運騰的判決書，影響不只作用在唐英傑身上。沒有陪審員參與國安審訊的先例一開，政權對國家安全、國安罪行的定性、定義就能在法庭定於一尊，毋須憂慮社會大眾是否認同這些詮釋，繼而影響被告罪名是否成立。目前最引人注目的國安案件，包括「支聯會案」、「民主派初選四十七人案」和「黎智英案」等等，已先後交由高等法院準備正審；政權已指令撤銷陪審團。從政權角度來說，抓緊司法，謝絕陪審，審判結果就更穩定，國家安全就更牢固。但長遠來說，法庭更難有空間讓法官和民眾以裁決間接發表異見；法官判決的理據，也更難獨立於政權的政治論述和法律意識形態之外。

國安年代，法官是否為法治的最後防線？

特首藉《港區國安法》賦予的權力，在毋須終審法院首席法官的同意下，指定哪位法官可以或不可以審訊國安案件，已經打破了司法獨立和三權分立的憲政原則，等於建立一套特殊、例外的國安審訊制度。從政治體制發展的角度來看，香港的司法機關將更受行政機關所鉗制，更容易被行政權力的價值規範（例如國安、愛國凌駕一切的指導思想）所影響。同時，由於維護黨國安全是政權首要任務，自然會引起建制陣營的遐想：誰最能維護國安，官運當然更亨通。在過往，由於司法機構自行安排法官審理不同案件，行政機關沒有制度渠道干擾法官人事，法官們相對不易因外在或個人因素（例如升遷、對黨國忠誠）影響審訊及判決。但現在特首能挑選法官負起「國安大任」，對一部分法官可能是苦差，但對其他法官來說，是否是個為政權大展身手和向國家表現愛國愛港的良機呢？

香港區域法院的《港區國安法》指定法官陳廣池，在二〇二一年五月，就四名民主派人士被控在二〇二〇年六四當晚明知而參與「未經批准集結」罪，判決各人入獄四至十個月。[25]這宗案件並非直接牽涉《港區國安法》的罪行，但在二〇二一年九月，當支聯會骨幹被控《港區國安法》的「煽動顛覆國家政權罪」時，便知政權將六四晚會定性為顛覆活動的思維始終如一。是故，以《公安條例》控告民眾和政治領袖參與「非法」六四晚會，和中共眼中的國家安全是一脈相承的。

過去法庭對參與未經批准集結的判刑，多數是自簽守行為和罰款而已。但陳廣池在該案的量刑起點，已經是即時入獄的層次。傳媒報道，陳廣池認為被告的行為是向公眾表示他們「可比其他人享受更多的自由」；又指法庭「不能忽視香港仍然受到二〇一九年的社會衝擊、公眾秩序和政治動盪影響」，加上「集會在特別日子發生，情況更為嚴重」。這個「特別日子」，當然是指六四事件紀念日。

香港一位棟篤笑（脫口秀）藝人黃子華，在一次演出時發表過「魚蛋論」，嘲諷香港人的日常心態。他舉例說，當小食店主給予別人多一顆魚蛋時，自己爭取平等對待的方法，不是要求店主多給一顆魚蛋，而是要店主拿走別人多出的一顆。當我們的政治表達自由被不斷剝削，用魚蛋論的角度，就是為了「人人平等」，不如大家都享有更少自由；如果爭取更多自由，反而破壞人人平等的原則。陳廣池指被告不應比其他人享受更多的自由，邏輯就是說：當大家都缺乏自由時，只要有人挺身而出行使本應擁有的自由，就應該加以嚴懲。

六四燭光集會三十年來和平進行，具備無礙公眾秩序的良好紀錄。警方當時以疫情為由反對六四集會，但陳廣池判決時也認為被告已全程戴口罩和保持社交距離，但之後就搬出二〇一九年的反修例運動作為參照背景。他認為當時出現社會衝擊、公眾秩序和政治動盪的問題，但並沒有進一步指出究竟他眼中的問題，是肇於和平示威者、勇武派、香港警察抑或特區政府。陳廣池將二〇一九年社會運動帶來他眼中的負面影響，加諸四位在二〇二〇年參與未經批准「和平集會」的被告，究竟有什麼實質的關聯和責任？陳廣池繼續論述「集會在特別日子發生，情況更為嚴重」。他既沒有進一步解釋何謂他主觀的「特別日子」，也沒有說明白當晚在維園的悼念活動，實質上是如何令社會衝擊、公眾秩序和政治動盪更嚴重；到底是因為警方反對集會、激發悼念遍地開花，衝擊了一心以為可以安枕無憂的當權者，還是有成千上萬人公民抗命，向國際傳媒宣示人心不死，令政權惱羞成怒，造成「政治動盪」？陳廣池裁決的理由和論述，可謂捕風捉影、語焉不詳。

陳廣池的裁決只會傳遞了客觀訊息：凡不符合政權心意的公眾活動，都會危害公眾秩序；只要重判這些爭取應有的政治自由的人士，民眾就不敢再參與公開反對政府的群眾活動。這種邏輯和政權要「洗太平地」[26]的方針不謀而合，並與當今政權對司法系統的要求配合得天衣無縫——「三權」要合作、法官要愛國和維護國安、香港要「止暴制亂」等等。

這種以嚴刑峻法阻嚇和平示威的論述，也見諸於另一宗案件。一位前大學教授於二〇二〇年五月一場遊行中在馬路舉起「五大訴求、缺一不可」的手勢，被控在公眾地方做出擾亂秩序行為罪，後來成為《港區國安法》指定法官的裁判官羅德泉雖然認為被告和當日發生的破壞和縱火事件無關，被告當時大叫口號的內容也沒有鼓勵他人做出非法行為，但喊口號這項行為本身已「進一步推動他人情緒，後果可以一發不可收拾」，故仍判決入獄三個月。羅德泉裁決的理由，完全與保障公民權利的信念相反。連遊行呼喊口號的形式本身都成為入獄的因由，難道只有靜默遊行，才是合法和恰當的示威？

聯合國人權事務委員會二〇二〇年已經發表了有關和平集會權利的普遍意見書，有份撰寫的委員強調，籠統描述和平集會影響公共秩序或公共安全，或有不明確的潛在暴力風險，不是政府禁止和平集會的正當理由。[27]陳廣池和羅德泉的判決論述，並未援引國際人權標準的規範，只從有利政權高壓管治的觀點來詮釋社會現況，繼而加重刑罰，短期內可能會阻嚇社會大多數市民不再在街頭反對政權，令社會回復墳場般的平靜，但這種針對政治異見者的高壓手段，其實只是掩耳盜鈴；公眾對法庭、法官和司法體制將更不信任，民憤也會不斷於暗地升溫。

耶魯大學法學院教授高洪株（Harold Hongju Koh）曾指出：「真正考驗法庭是否切實維護法治，並非來自日常，而是在法官面對最密集的政治壓力、被要求以國家安全之名犧牲被告權利之時。」[28]可能對很多法官來說，依據法律和普通法案例做裁決，就等於不受外力左右，維繫司法獨立。但如果法律本身，就已經有利於政權打壓異見，而普通法的案例又鞏固這種壓迫體制時，那麼說法庭維護法治，究竟是維護了誰的法治？

「法律保障人人平等的權利」是高尚的理想；現實是，民主體制缺席時，法律、法庭和法官往往被威權政體當成審判反對派和異見人士的武器，法律只是壓迫異見人士的工具。法官無論如何「法外施仁」，也抵消不了法律制度整體的不公義。

陳廣池的例子，究竟是孤例，還是冰山一角？香港社會流行一種說法，認為香港的司法制度飽受政權和親政府陣營施壓，頂住壓力已很艱難。大眾討論司法裁決，也會有聲音表達對於法官的同情與理解，僅將「法治已死」的矛頭指向執法者、檢控部門和立法的政權。但默默抵抗壓力和主動出手嚴懲反對派畢竟是兩回事。《港區國安法》實施後連串針對和平示威、表達自由和新聞自由的裁決足證：制約政權而保障民權的法治精神崩壞、只重視秩序和阻嚇民眾的法律主義再次抬頭，對此香港法官難辭其咎。在下一章，我們將透過比較不同國家經驗，更深入反省香港法官、法庭和司法獨立的關係。

5 威權下的「司法獨立」，是美德還是煙幕？

「司法獨立」的概念，最直接的解釋，就是司法機構在運作以至辦案，不受任何外在勢力影響。香港的法律學者陳文敏就提出，司法獨立不只是關於法官審理案件不受外在干預，也包括任命法官是否獨立、法院的管轄權有無被剝奪等等。[1]在威權國家，司法獨立的理想有多大程度可以實現呢？本章首先從歷史及理論角度回顧在威權和極權國家之下，政治審訊和法庭如何成為政權「審訊騷」（秀，show trials）的舞臺。其後從香港經驗入手，見微知著，反省香港法庭如何配合政權削弱新聞自由。接著，我將藉智利軍政府年代的經驗，反省司法獨立的最重要持份者——法官，其個人質素和威權體制的互動，如何令貌似獨立的司法系統為政權背書。最後，我會詳細分析香港「海外法官」的制度，如何為今日香港的威權體制塗脂抹粉。

威權法院、袋鼠法庭與審訊騷

「司法獨立是法治的基石」這句話，經常出現在政府當局和法律菁英口中。但有司法獨立就是否等於有法治呢？司法獨立又是否必須保障人權自由和民主發展呢？

的確，無論在民主抑或威權國家，法官即使能行使獨立意志，也可以讓法庭成為腐敗和剝削人權的溫牀。例如美國在十九世紀開始，流行「袋鼠法庭」（kangaroo court）一說，指某些法官需要像袋鼠般「跳來跳去」，在國內巡迴辦案，透過辦案數量和被告人的罰款來決定收入，「袋袋平安」。袋鼠法庭一詞，也被用來形容一些違反法律原則、濫用法庭程序和使用不當程序來審訊疑犯，形成審訊不公、判案水準不濟的法庭。[2]例如，美國用來關押恐怖分子疑犯的關塔那摩灣，其軍事委員會審訊和拘留疑犯的做法，一直被學者如阿貝爾（Richard Abel）批評是袋鼠法庭，以違反人權的方式去「維護」美國的國家安全和反恐大計。[3]

至於威權和極權國家，司法機構完全被操控用來打擊異見人士的例子屢見不鮮，最著名的應該是二十世紀初蘇聯的審訊騷。審訊騷是蘇共利用法律的面具，以公審來打擊政敵和鞏固統治的慣用伎倆。他們將叛國、反革命和勾結外國的罪名強加在異見分子身上，一方面威迫利誘被捕者認罪、在法庭照本宣讀蘇共一早預備好的陳辭，另一方面又動員文宣機器，大肆渲染這些「叛國者」如何危害國家安全和蘇共領導，甚至在審訊前後會動用群眾上街，要求處死這群罪有應得的「犯人」。[4]

列寧領導布爾什維克黨發動十月革命和結束四年多的內戰後，正式奪取俄國政權，建立「革命法庭」和「人民法院」等司法機構去審訊涉嫌反革命分子。列寧當時認為，公審反革命分子是必要的，能作為「教育公眾」的範本，加強人民的社會主義法律意識，並且要在報章大書特書。在一九二二年的審訊中，蘇共拘捕在內戰中對抗紅軍的社會革命黨領導共三十四人，控告他們有反革命意圖、武裝抵抗蘇共政權、勾結外國勢力等罪。審訊前夕，列寧下令各地要搞群眾運動去打擊革命黨人，黨中央便向地方領導做出指引，具體說明如何利用傳媒和黨的宣傳機器在全國搞一場大型動員，要求重判這班「反革命分子」。最終，法庭「判決」二十二名被告罪名成立，判處死刑；其餘被告被判處二到十年不等。幾日之後，被判死刑的革命黨領導承諾停止一切「非法對抗蘇共政權活動」，最後改為囚禁終身。

後來上場的斯大林（臺譯史達林，Joseph Stalin）變本加厲，以審訊騷打擊黨內對手托洛斯基的餘黨和反對計畫經濟的異見人士。一九二〇到一九三〇年代期間，他和得力助手、蘇共法學家維辛斯基，舉行多場大型公審，製造政治恐怖，震懾人民之餘，亦達到肅清政敵的效果。

一九二八年，五十個俄國人和三個德國工程師被控在烏克蘭的礦場怠惰，蓄意破壞國家的計畫經濟，被送到莫斯科受審。蘇共找來二千名俄國人和記者「見證」審訊，甚至拍攝了整個審訊過程，用作巡迴全國放演的樣板戲。史料所載，審訊之前，被告多次被嚴刑逼供；斯大林亦指令維辛斯基要牢牢控制法庭程序，確保結果符合心意。本來法庭要判處其中二十二名被告死刑，但最終斯大林考慮社會和國際觀感，下令只要裁決十一人判死刑、六人囚禁終身，其餘監禁一到十年不等。至於三個德國人，兩個無罪釋放，一個被判緩刑。原來在審訊之前，蘇共外交部已知會德國大使：「主審法官維辛斯基一定會展露足夠的智慧來避免破壞德國與蘇聯的關係。」

由此可見，這場審訊騷，不單是為了維護斯大林推動計畫經濟的威信，也反映斯大林會考慮現實政治和國際形勢來控制司法判決，反正斯大林用法庭和文宣機器作為清剿異見分子的目的已達到，被告的悲慘結局也令俄國人不敢拂逆蘇共管治。

威權政體下的「司法獨立」

審訊騷作為蘇共統治手段，箇中關鍵是司法完全不獨立，依附在獨裁者一念之間。不過，時至今日，研究司法政治（judicial politics）的學者已多次指出，威權政體下的法院已然「進化」。學者穆斯塔法（Tamir Moustafa）和金斯伯格（Tom Ginsberg）在《法治：威權政權下的法院政治》（*Rule by Law: The Politics of Courts in Authoritarian Regimes*）一書指出，威權政體和極權國家的差異，在於願意保留司法部門一定程度的獨立性，包裝成國家有「法治」和「司法獨立」的形象，為威權國家建立正當性。兩位學者歸納出威權下的法院，有五個特徵：

1. 透過司法判決加強社會控制、將反對派邊緣化；
2. 維持法制一定程度的自主，予公眾一個「法治」形象，鞏固政權的管治正當性；
3. 控制行政官僚及處理體制內不同派系的鬥爭；

4. 維持司法機關在處理商業法及私產的公信力，保障商界的產權和經貿利益；

5. 透過具有非政治化形象的法院就政治爭議做裁決，使政權表面上置身事外，實際上藉判決獲利。[5]

總而言之，威權體制下的司法部門，儘管享有局部自主處理日常民事或商業案件，但在涉及政治敏感的案例，往往不敢觸碰政權，更有可能被政府利用作為打壓異己的工具。

上述兩位學者之一的穆斯塔法，亦分析了不同的跨國研究，總結出四種策略，使威權法院在保持一定的自主（judicial autonomy）之餘，亦能與政權共謀，鞏固政權的管治力量：

1. 法官基於內部壓力或升遷誘因而自我約束。即使有改良主義的法官會做出保障平權的裁決，但這些人權案例無損政權核心利益，甚至有助於樹立威權體制良好的形象。以埃及最高憲法法院為例，它曾頒下數以十計的進步裁決，阻止埃及政府濫權，卻從來沒有就埃及的《緊急法》和政權將反對派轉介到軍事法庭受審做違憲審查。又例如皮諾切特治下的智利政府，傳統菁英控制最高法院，享有覆檢和推薦司法人員銓敘權；若下級法官不依從上級，以保障人權角度來辦案的話，自然就沒有「上位」的機會。

2.政權設立特別法庭或輔助法庭（auxiliary court），以有別於正常法院的規範和程序，來審訊危害國安或政權生存的罪行，這種「法內的例外」既不觸碰原有司法機構和法官的利益和底線，也能懲治異見人士，結果是使司法制度變得支離破碎，行政部門就有更大的司法影響力。

3.收窄下級法院違憲審查的權力、削減可審查的範圍、限制人民行使覆核權（如提高法援門檻或入稟〔上訴〕門檻）等等，避免法庭成為直接挑戰政權的場所。例如中國有《行政訴訟法》，但國民只能針對個人權和財產權遭官方侵犯而提訴，政治權利則不可能。

4.政權通過一系列立法限制公民社會組織和集資，令社運人士、非政府組織和律師缺乏資源去組織支援網絡，來向政權興訟和應付司法打壓。6

從上述跨國經驗可見，法庭和法官可以是鞏固政權治理效率的金湯，但不一定是保障人權自由的良藥。歷史也揭示，偏袒政權的法官，在政治轉型後往往被視為暴政的幫凶，甚至成為追究對象。

「司法獨立」、新聞自由與開放社會

在威權政體下，一個享有獨立自主的司法系統會和威權政府共謀，甚至為政權服務的話，那麼法院還能在滿足政權利益之餘保障公民的基本自由嗎？香港法院在二〇二一年加持國安警察搜捕《蘋果日報》大樓，正好提供一個案例供大家進行深度反省。

香港警察轄下的維護國家安全處（國安處）在二〇二一年六月搜查《蘋果日

報》大樓，撿（帶）走最少四十四部電腦主機及硬碟，同時拘捕壹傳媒及《蘋果日報》五名高層，指他們涉嫌串謀勾結外國勢力危害國家安全，並凍結三間公司合共一千八百萬港元資產。搜捕後翌日，警方決定起訴其中兩人，提堂後不獲保釋要還押候審。保安局一直拒絕解凍《蘋果日報》的資產，使得香港壹傳媒最終在六月底結束營運。事隔兩年半，有關《蘋果日報》的國安案件終於在香港開審。走筆之時，案件只開審了數天而已。

國安處解釋是次搜捕行動的理由，是由於有強烈證據顯示《蘋果日報》於二〇一九年起刊出了數十篇文章，提供口實予外國向中國及香港實施制裁；五名被捕人屬公司董事、出版人及編輯，對文章內容「責無旁貸」。換言之，國安處是基於報章的新聞工作和行使新聞及出版自由之權利，針對文章內容做出檢控，正是以言入罪（speech crime）的典型。

國安處該次搜捕和檢控行動，是政權第一次動用《港區國安法》拘捕和起訴新聞工作者、第一次針對公司法人提出檢控，以及第一次得到法庭批出手令，授予警方搜查包括新聞材料的權力。這「三個第一」，影響最深遠的，莫過於法庭的角色。批出手令的法官，以實質行動支持視新聞材料為違反《港區國安法》證據的警方。保障新聞材料不受警方查閱，是為了保護受訪人士的身分；即使是匿名受訪者，只要和記者有互信，就能暢所欲言，讓傳媒工作者如實報道；在一些關鍵時刻，吹哨者給予記者的新聞材料，更是發掘真相、揭發時弊，要公權力承認過失、向人民負責的重要證據。新聞自由的可貴，就是讓報道者無畏無懼，自由和自主地傳播社會真相，促進每個公民都掌握充分資訊（well-informed citizens），能夠負責任地建設民主和開放的社會。

但是，今次有法官批出包括新聞材料的搜查令，猶如為公權力開綠燈。政權本應是傳媒監察的對象，如今藉法庭許可反客為主，蒐羅、蒐集、調查《蘋果日報》的新聞材料，反過來成為監察、打擊新聞機構的狙擊手。法庭批出手令，等於加劇針對新聞界的歪風，間接降低大眾和掌握真相者接受記者訪問的意欲、增加記者採訪和蒐證上的難度；因為當法官和警察合作，要求傳媒機構交出新聞材料時，就會為自己、同儕和受訪者帶來以言入罪的風險。

新聞自由和司法獨立的張力

法庭面對攸關新聞自由的爭議，到底要如何自處？香港終審法院非常任法官包致金早前公開表示，他過往認為傳媒是「法治的捍衛者」，但現時的他認為傳媒「是法治的一部分」；不但有助維持法治，自由媒體存在亦彰顯社會存在法治。[7]我們應如何理解包致金的看法？一個完整的法治觀念不單是要求人民守法，它亦要求政府守法、甚至要透過憲法和立法來限制政府的權力，防止政府濫權，不必要地侵害人民的生活；唯有如此，人民才能免於政府的干預，生活得自主、自由。在自由民主社會中，新聞工作者往往被視為監察政府的「守門犬」（watchdog），他們偵查報導、公開事實，藉客觀和準確的資訊讓人民認知政府當局是否依法辦事，正是證明了傳媒肩負彰顯法治精神的重要性，體現了法治社會對政府當局、以至所有當權者的要求。包致金的諍言，其實已暗示新聞自由衰落的香港，再難享受有意義的法治。

不少普通法傳統下的法官和法律學者，更認為新聞自由和司法獨立，是維護自由、民主和法治的兩個等量齊觀的樞紐。歷史最悠久的成文憲法——即一七八〇年的美國《麻薩諸塞憲法》——的草擬者亞當斯（John Adams）嘗言道：人民享有自由的新聞媒體（free press）和獨立的司法機構，是維護自由和保障一切權利的兩個關鍵人權。麻省最高法院前法官、波士頓學院法學院訪問教授科迪（Robert J. Cordy）曾發表論文，探討新聞自由和司法獨立兩者的關係時，明確表示兩者均分享了共同使命，一方面制衡公權力，另一方面則互相扶持，建設一個資訊、言論和觀點開放多元的社會。8

科迪認為，司法獨立責在確保政府尊重和保護人民的權利和自由，並且要隨時預備向當政者以至任何侵犯人民權利的違憲行動說「不」。但司法機構有無能力行使這項職責，不單視乎典章制度是否賦予其權力；關鍵在於司法機構能否得到人民的信任、尊重和支持。資訊愈流通，人民就更能瞭解法庭在民主制度和憲法下的角色；法院處事是否公正不阿，人民考究其往績便可知八九。故此，新聞自由就相當重要：它監察以至批判法庭，雖然有時言辭可能辛辣，但總是令法庭更能向公眾當責（accountability）。

在政府濫權和以法律打壓異己的時候，更應是新聞自由和司法獨立互相扶持之時。科迪引述美國一九七一年的「五角大廈文件案」（*N. Y. Times Co. v. United States*），當時尼克遜（臺譯尼克森，Richard Milhous Nixon）政府為了向公眾隱瞞越戰真相，試圖以法律手段阻止《紐約時報》和《華盛頓郵報》出版有關內部文件的報道，最後美國最高法院多數裁決新聞自由比國家機密、國家安全更重要，判決《紐時》和《華郵》有權繼續出版。此段歷史在幾年前改編成電影《戰雲密報》（臺譯《郵報．密戰》，*The Post*），成為向傳媒捍衛新聞自由和出版自由致敬的經典。但它之所以成為佳話，正是因為法官肯定新聞自由和出版自由，有助監察當權者和保障公眾知情權，是維護民主憲政不可或缺的價值。

反過來，司法機構需要自由的媒體襄助。當法院按憲法條文和各項國際人權公約做出保障人權的判決，而被當局打壓或被政客攻擊，法官有口難言，就要靠傳媒報道真相，讓大眾明白其苦處。科迪強調，當法庭失去司法獨立的保障，新聞自由和其他權利也難被保全；俄羅斯和土耳其的經驗顯示，新聞機構被取締、批判政府的記者被捕，正正是政權打壓、收編司法機構的結果。

科迪亦不諱言，在美國司法史，法官以記者報道、批評正在審理的案件為由，也曾判罰傳媒藐視法庭，反映司法界和新聞界不時處於緊張關係之中。但他也援引一九四一年美國一份判辭（*Bridges v. California*），該判辭指出，能夠隨心所欲批評公共機構，是國民的特權；如果法庭強迫他人沉默，只會令人更不滿、猜疑和藐視法庭，多於令人對法庭有所尊重。畢竟，法庭的權威，是來自人民的信任和信心。科迪認為，既然普通法傳統重視公眾有權查考法庭審訊，以確立司法制度的正當性和問責性，新聞工作者能自由地出版報道和評論，亦是依從這項優良傳統之舉。

一個多元的社會，對法庭表現意見不一是常態，但維持多元開放社會的前提，是要有自由的空間傳播資訊、觀點，讓新聞及出版機構可以免於恐懼地促進民智和社會發展。從這角度看，新聞自由和司法獨立，本來就唇齒相依。如果法庭倒過來成為打擊新聞自由的一方，不只是短視，更是以實質行動向公眾宣示：即使有司法獨立，新聞自由也會因法庭的作為而變得岌岌可危。

法官是法律巨人，還是道德侏儒？

要維持司法獨立，最關鍵的持份者始終是一眾法官。過去大眾文化對法官的形象，多把他們描繪成一批公正不阿、鐵面無私的仲裁者。這既拜時裝電視劇所賜，也源於中國傳統法律文化的想像。中國的法律傳統，沒有司法獨立可言：地方官既掌行政大權，也以「大老爺」的姿態在官府為百姓排難解紛、執行刑法律令、斷案判刑，集行政、司法大權於一身。做「父母官」的條件，不單要勤政愛民，還要斷案無私；所謂惡官貪官，就是自顧私利，枉法徇私，陷害忠良之輩。

但時至今日，香港社會對現代法官的期許，是否只要一個又一個富有中國法律傳統下「父母官」心懷的法官，只要依法辦事，有時做到「法外施仁」便足矣？如果接受這套思路，我們豈不等於忘記了這些地方官的本質，只是皇帝眼中的奴才？不論清官貪官、好官惡官，他們也只是專制皇朝的附庸；今日的普世價值重視法治和司法獨立，反對司法獨立的封建思想絕對不合時宜。

相信今時今日，香港人不會要求香港的法官擔任包青天之類的戲劇性人物，但法官的神聖形象，畢竟被香港的法治神話塑造了數十年，當然，這不全是香港社會的責任。事實上，不少司法文化也蓄意將法官抬舉成一個超然的「圖騰」。例如人類學家羅森（Lawrence Rosen）考究過法庭的空間設計，美國和英國的法官座席一定高於犯人欄和辯護方，體現法官至高無上的地位。至於法官的裝束就更能帶出「戲劇」效果：美國法官的黑袍、英國法官仍保留至今的假髮，也旨在讓法庭變得神聖化，透過異常的儀禮和服飾，隱去法官的「人性」，令法庭儼如祭壇，彰顯法律制度和法官斷案的神聖性。[9]

制度文化固然有其目的，但我們又能否擺脫這些迷思，從人性的角度去理解法官們是一群怎樣的人？

法官也是人，自然有人性的角度。法官的出身、性格、教育、訓練，也會影響其作風行事。一九九〇年代初有一本專著，題為《充滿敵人的國家：皮諾切特治下的智利》（*A Nation of Enemies: Chile under Pinochet*），剖析智利在皮諾切特時代的社會矛盾和衝突，書中一部分談到智利法官如何一邊享受司法獨立，一邊助紂為虐，恰好反映法官人性幽暗的一面。[10]

皮諾切特年代的智利法官

冷戰期間，拉丁美洲一直飽受美國剝削。美國以反共為名支持右翼軍事獨裁政權更加是見怪不怪。[11]一九七〇年智利左派領袖阿葉德（臺譯阿言德，Salvador Isabelino Allende Gossens）當上首位民選總統後，致力推行社會福利、土地改革、企業國有化等新政，惹來美國政府不滿。其實，早在阿葉德當選前，美國政府已經對智利選戰充滿疑忌。當時美國國務卿基辛格（臺譯季辛吉，Henry A. Kissinger）便向總統尼克遜表示：「如果智利人民不負責任而令智利淪為共產國家的話，我們就不能袖手旁觀。」美國政府於是採取兩手策略，一邊用外交官施壓，一邊派中情局特工在智利搞文宣和各種製造金融及政治不穩的操作，意圖減低阿葉德當選的機會。但智利人民不吃這一套；阿葉德當選後，尼克遜更曾要求中情局特工在當地搞軍事政變策反卻不果，阿葉德也順利上臺執政。[12]不過，三年之後，美國暗中支持陸軍總司令皮諾切特（Augusto Pinochet Ugarte）發動政變，阿葉德在軍隊攻打總統府時喪生。[13]

皮諾切特上臺後厲行大抓捕，逮捕超過四萬人，當中不少已「被失蹤」、慘受酷刑致死，直到一九九九年皮諾切特下臺後才結束恐怖時代。《充滿敵人的國家》的兩位作者扣問：智利一直被視為法治國家，司法體系在皮諾切特治下仍然能獨立運作，何以當時仍然出現大量濫捕、酷刑和被失蹤的案件？兩位作者訪問了當時的檢察官、法官和律師，發現歸根究柢，司法獨立竟然成為法官發揚其菁英主義、保守、自私一面的幫凶。

兩位作者訪問了一位在皮諾切特年代的檢控官。他指出法庭在軍事管治之前儘管一直受人尊重，但自皮諾切特執政，法官們逐漸因恐懼和享受特權而腐化，縱容國家情報局（DINA）無視法庭頒令繼續拘押和虐待異見分子；不少法官又拒絕受理人身保護令（habeas corpus）的呈請，令不少被捕人士慘受情治人員的酷刑對待。這位受訪的檢控官直言：「國家每日都發生可怕的事，但法官選擇（彼拉多式的）金盤洗手。」

那位檢控官承認，他很怕失去工作，但他也深知自己一日協助政權，一日都有份製造國家級的仇恨。那麼法官也是因為恐懼失去工作而甘作政權的打手嗎？

諷刺的是，法官們之所以靠攏軍政權，正正是因為他們太喜歡自己的工作了。在阿葉德上臺以前，智利共和國一直被視為是一個法治健全、法治意識濃厚的國家，享有完備的憲法規範和法律程序，律師是最受尊敬的專業、法官享有崇高的社會地位。但在阿葉德上臺後，法官和政府之間的矛盾愈演愈烈。法官認為阿葉德濫用行政權力大搞社會主義，例如修改《產權法》；反過來，阿葉德和支持者「民眾團結黨」（Popular Unity）認為法官是反動派、以資產階級的法律秩序阻止社會變革。土地改革開始後，農民和工人占領土地和工廠，法官就選擇支持地主和資本家，多次發令要求警察拘捕占領者，卻遭內政部否決，行政和司法關係相當緊張。到一九七三年，最高法院警告阿葉德若是繼續以行政干預法庭的話，國家司法體制就會崩潰；但阿葉德反斥法官是社會改革的絆腳石、將法律用來保護被社會改革影響的資產階級而非民眾眼中的社會公義。

阿葉德政府和司法機關的衝突，成為後者堅定支持皮諾切特的原因。皮諾切特發動軍事政變後，最高法院院長便發表聲明，公開表示樂見軍政府公開聲明會尊重和落實司法裁決；一九七五年，即使國家情報局大規模拘捕、未經審訊羈押左派分子，最高法院首席法官仍在一公開場合發表演說，力陳智利在維護法律秩序和公民權利方面是個完美狀態（a perfect state of legal order and civil rights）。

皮諾切特處處表現敬重司法機構，甚至願意投其所好。他讓最高法院的十七位大法官享受國家級房車和司機接送；他也絕不批評法官，利用法官的保守特質來實踐軍事獨裁管治。一位受訪的最高法院法官認為，皮諾切特上臺之前，作為總統的阿葉德及其報章每日都羞辱法庭，但皮諾切特上臺以來，從未如此做過。所以，法官們對自尊的重視，成為了他們大力支持軍政權的原因之一。

另一個令法官支持皮諾切特的原因，來自法官的法律教育。智利依歐陸法律傳統行大陸法，重視直接從條文字面理解法律（literal interpretation of the law），以及服從立法機關（deterrence to law-making bodies）權威。法官們也被保守的法律教育薰陶，認為法律的條文比其精神更重要；應用法律，毋須考慮立法者的政治動機和當時當刻的政治處境。在軍政權下，只需軍方四個領頭人簽署法令便可生效，既然立法者的正當性是依靠法律文字而非法治精神，司法機構也樂觀其成。比如一位受訪的法官被問到智利高等法院在保護人權的角色，他答道：

我們（法官）一直認為我們能力不足以處理人權問題。也許我們要受責罵，但我們又如何執行不存在的法律？我非常欣賞法律，但我的責任是應用法律，而非詮釋法律。

即使法官之中也有人不滿這些做法，但這類人總被視為司法界「離經叛道」的一群，他們會被指斥為「搞政治」，而非恪守所謂「專業」。總言而之，司法界的主流只顧畫地為牢，當法律的工匠，而非法治精神的捍衛者。他們甚至會認為，只要支持新政權，就可以保住屬於他們的司法機構，擺脫司法界在舊政權底下的「心靈創傷」。

所以，智利法官對軍方依法接管行政立法機構幾乎沒有爭議；後來軍政府以緊急權力成立軍事法庭審判政治犯，最高法院也因為篤信軍方所指，國內的極端左翼分子不斷破壞國家的和平與秩序，令國家進入「戰爭狀態」，故完全不反對成立無任何外在機構制衡的軍事法庭，也全盤接收軍政權將左翼人士標籤為恐怖分子的論述。司法機構的加持，令皮諾切特執政的頭三年，有近六千人被送上軍事法庭審訊、至少二百人被處決或因酷刑致死。

那麼，有了軍事法庭，一般法官是否就可以置身事外，繼續維持智利有司法獨立的表象？答案當然是「不」。當時有一班由當地天主教會「和平合作委員會」（後來演變成一個民間法律援助機構）統籌的義務律師，協助追隨阿葉德的異見人士當辯護士。但他們到法庭辯護和聲請人身保護令時，往往受到法官阻撓或拒絕。律師們觀察，這是因為法官仍因這些左翼分子在前朝對法官口誅筆伐而心有餘悸。每當律師為一些疑似被失蹤的在囚異見人士向法庭聲請人身保護令，法官就會將之視為令政權「政治尷尬」的舉動。法院無論如何，也要行禮如儀般向軍政府查詢相關人士下落，但法官總會對官方回應深信不疑，繼而拒絕受理。皮諾切特執政頭十年，最高法院拒絕了至少五千三百九十宗人身保護令聲請，而案中人最終也下落不明。

一九八五年，美洲人權委員會公開表示：「如果智利法官當時可以更主動調查，民眾被消失的規模斷不如此；法庭嚴重疏忽職守、死記硬背式地應用法律、加上面對軍政權自我約制，促使智利成為一個無法無天的國度。」皮諾切特年代的智利法官，可能是法律巨人，但更是道德上的侏儒。

智利司法史對香港的啟示

智利司法界的經歷，給予我們什麼啟示？

一種保守的看法可能是，正因為法官如此重視一己的尊嚴，我們作為平民百姓，就不應時常批評法官，將法官推到專制政權的那一面。我們只要更加支持法官，就能維護法官的顏面，不然他們變成像智利法官那樣怎麼辦？

尊重別人是公認的處世之道，但智利的案例是否只叫我們不要得罪法官？更值得我們留意的，是智利法官自身的能動性（agency）：究竟是要維持菁英主義、與權貴連成一氣，還是與普羅大眾同行？為何智利法官們會因為自己的尊嚴受損而支持、默許一個獨裁政權運作近二十年？為何法官們會因為受到軍政權的尊重就滿足？為何法官們沒有權利意識，反而受到冷戰左右意識形態的鬥爭所束縛，成為政權的共謀？還是，法律、司法系統，本來就很難超越單一的意識形態？

兩位作者呈現的，不只是智利法官們自傲自卑的性格，也是他們如何受到狹隘的法律教育進而影響其法律文化的問題。當他們所受的法律教育只強調法律條文的重要性、法律秩序是自成一體，超然於一切社會政治處境和權力關係的一套秩序，這些司法人員只不過是一群專業的法律技術官僚（legal technocrats），為國家「排難解紛」而已。

香港法官的「神聖形象」，一是由類英式法治的殖民遺緒（留意，是類英式法治而已）所鞏固，二是由普及文化對青天父母官的想像所塑造而成。我們必須破解這些迷思——正如智利的經驗揭示——法官也是有血有肉、懂得理性計算的個體。但他們的理性考量是從「小我」還是「大我」出發，公眾只能從其表現去嘗試理解。

智利法官的最大問題，就是一方面強調自己辦事不偏不倚，一方面卻選擇與權力為伍（option for the powerful）。至於香港法官判案用什麼理據、是否受理具政治和法律爭議的案件，公眾看在眼裡，總會分辨出法官究竟重視向凌駕一切的政權負責，還是向處於弱勢的大眾負責。

我相信社會大眾不會天真到認為現在的香港法官會搖身一變成為抗爭者，大部分法官所受的法律教育，可能和塑造法律技術官僚的訓練相差無幾。但公眾至少期望法官不會全盤接收政權的法律論述和意識形態，認為法律只是為了維護政權眼中的常態與秩序，反對派就等於破壞者、恐怖分子。這種論述，只是掩蓋了平靜社會背後的國家暴力、裝飾司法獨立背後對於政權膨脹的「寬容」。

海外法官面對威權管治的抉擇

英國最高法院院長韋彥德（Lord Robert Reed）和最高法院副院長賀知義（Lord Patrick Hodge）在二〇二二年三月宣布辭去香港終審法院非常任法官（下稱「海外法官」）的職務。他們在聲明中指出，英國最高法院現任法官繼續留在香港法庭，只是表現出他們仍支持一個在價值取向和最高法院南轅北轍的香港政府——它現在已是一個背棄政治自由和言論自由的政權。

此前，香港先後有兩位普通法地區的海外非常任法官決定離開終院，包括澳洲法官施覺民（James Spigelman）和英國最高法院前院長何熙怡（Lady Brenda Hale）；前者表示其辭職與《港區國安法》有關，後者雖只表示不再續任，亦表達關注《港區國安法》的影響。

韋彥德辭任後，到英國上議院接受議員提問。他明確表示沒有受到任何政治壓力，反而是他注意到有至少兩個外在因素令他做出辭任決定。第一是政權運用《港區國安法》凍結公司資產（包括《蘋果日報》、支聯會和《立場新聞》）令其倒閉的情況；第二是政權以《港區國安法》和英殖遺法如煽動罪拘捕市民，令大部分人不獲保釋，例如有小店店員因在社交媒體發表反對新冠疫苗政策被控煽動罪，不獲保釋，長時間未審先囚。[14]由此可見，兩位大法官改變立場，的確和二○二一年下半年香港政府以《港區國安法》和其他法律工具打壓社運組織支聯會和《立場新聞》等自由媒體有關。

在一個司法管轄區內有來自海外司法管轄區的法官參與審訊，並非香港獨有的制度。[15]而香港有此特殊安排，是源於《中英聯合聲明》。在英殖年代，英國樞密院享有香港司法終審權；至一九八四年中英雙方簽署有關香港主權移交的聯合聲明，決定在香港成立終審法院，享有司法終審權；終審法院可以邀請其他普通法地區的法官參與審訊。一九九七年香港主權移交後，終審法院和英國達成協議，後者會安排兩名現任法官擔任終審法院非常任法官。隨後，其他普通法地區如澳洲、紐西蘭和加拿大的法官也陸續出任香港非常任法官。

韋彥德的聲明，激起香港和中共政府的不滿；香港大律師公會和香港律師會也應和政府發表聲明，認為這是英國政府政治干預的結果。不少香港法律菁英認為，海外法官留任終院，可以減輕司法機構在《港區國安法》通過後要面對的內外壓力，也令海外投資者維持對香港法庭的信心，以免日後只能邀請同樣施行普通法的威權及半威權國家（如新加坡、馬來西亞）法官來港工作。

至於餘下的其他海外法官則一致表示留任——儘管他們全部皆是退休法官，不代表該國的司法機構。其中一位決定留任的海外法官、加拿大前首席大法官麥嘉琳（Beverley McLachlin），便向加拿大報章表示，如果她離開終院，只會「損害香港民主的最後堡壘」。韋彥德和賀知義辭任後，餘下的五名英籍海外非常任法官發表連署聲明解釋留任原因，表示維護法治及檢視行政部門的決定比任何時刻更重要，相信繼續參與終審法院工作，符合香港人利益。

留任終院的海外法官正面地詮釋香港司法獨立和法治，是否切合香港的現況？而大部分海外法官選擇留任的決定，對香港社會又有什麼實質影響？

海外法官留任是否是威權體制的裝飾品？

首先，香港的司法獨立是有條件的。具體情況是，除了《基本法》施加有關行政長官和中央政府對司法機構的權限外，二〇二〇年實施的《港區國安法》，新增了特首指定法官審理國安案件的權力，這項權力是行政機關直接取代司法機構行使權力，指派或不指派若干法官審案。在這項制度設計下，司法機構安排國安案件審訊時，已不能獨立於政府行事。

《港區國安法》的其他條文，也從制度上根本地規限司法機構在處理《港區國安法》及其案件的行為，包括因律政司指示某國安案件不許有陪審團審訊，法院不能挑戰前者的決定；特首也可以發出對法院有約束力的證明書，確定案件涉及的行為和證據是否涉及國安或國家機密。而且，香港法庭無權覆核國安委的決定。加上上述特首指定法官的安排，司法自主在國安案件和國安問題上被大幅削弱，是不爭的事實。留任海外法官們的聲明，沒有一針見血的分析，迴避了新遊戲規則帶來的問題，是否代表海外非常任法官在這些問題上，只能默然以對？

即使從實際操作的層面來說，《港區國安法》實施三年多以來，並無任何一名海外非常任法官參與相關審訊。即使《蘋果日報》案的關鍵人物黎智英曾保釋上訴至終審法院，該案也只由常任法官及兩名本地非常任法官陳兆愷和司徒敬以《港區國安法》指定法官身分參與審訊。《港區國安法》並無針對海外法官能否審理國安案件的條文，僅在第四十四條要求「凡有危害國家安全言行的，不得被指定為審理危害國家安全犯罪案件的法官。在獲任指定法官期間，如有危害國家安全言行的，終止其指定法官資格」。既然如此，海外法官為何一直不被指派處理國安案件？

在另一件被當局視為有關國家安全的「羊村繪本案」，五名言論治療師總工會的理事被控出版煽動刊物罪成。在開審前，被告之一伍巧怡不獲保釋，上訴至終審法院，卻被終審法院上訴委員會駁回，不獲上訴許可。在本地法例，海外法官並非終審法院上訴委員會成員。換言之，終審法院的本地常任法官，不論理由是否合理，皆有權預先篩選案件予海外法官參考。海外法官在這些政治案件上的角色極其有限。

而且，根據《基本法》第八十二條，海外法官來港參與審訊的安排僅限於終院案件，他們無權參與下級案件的審訊。諷刺的是，法律界人士以至社會大眾對香港法治和司法獨立的質疑，大多源於終院以下法院的刑事審訊，包括由高等法院審理的首宗《港區國安法》案件「唐英傑案」、在二〇一九年反修例運動以來區域法院審理的暴動案件，以及由最基層的裁判法院審理與公安條例或煽動罪（sedition）等殖民遺法相關的案件等等。下級法院在有關未經批准的和平集會案件，判處組織和參與和平示威者監禁式刑罰，又在大量《港區國安法》案件中拒絕被告保釋以致未審先囚，凡此種種已招致海內外公眾、法律界和法學界非議。海外非常任法官在這些攸關政治抗爭的案件不需「沾鍋」，但也不能免疫於司法不公的指責，畢竟海外非常任法官也是香港司法建制的一部分。

麥嘉琳認為，如果離開終院只會損害香港民主的最後堡壘。那麼反過來問，留任終院非常任法官，又可以如何保障香港的民主制度？誠然，健全的司法獨立及能保障平權的法庭，是民主制度的重要支柱。如果終院仍然能不受干預地審理有關種族、性別、不同性傾向平等權利的案件，應該只有少數人認為這是壞事。但在保障普遍政治參與權利的層面上，香港的法庭已無法發揮把關作用。在新選舉制度下，候選人資格審查委員會（資審委）做出的決定毋須受司法覆核的監察。所以，終院及其海外非常任法官根本無權推翻資審委以政治背景或信念為由禁止公民行使參選權的行為。

最尷尬的是，海外法官也曾參與有關民主權利的違憲審查案件，並間接將反對派議員收監。韋彥德在二〇二一年參與審理一宗司法覆核案，就立法會議員在議會內抗議，是否能受立法會《權利及特權法》保護，豁免被刑事起訴。終審法院最後裁定議員在會議內發言的確受到保護；但議員的行為如果干擾會議進行，就可能帶來刑事後果。韋彥德在這宗審訊沒有運用其專業知識和經驗發表異議判辭（不同意見書，dissenting opinion）去闡釋民主制度下議員的權利和制約，只是簡單表達認同判辭而已。這宗判決，影響到半年後一宗藐視立法會的案件：前議員張超雄因在立法會站立抗議、舉起示威牌喊口號而被判監三星期。但張超雄當時在會議抗議，會議主席沒有即時制止，抗議四十五分鐘後才把張超雄趕離會議廳作為懲罰，之後警方便接手拘捕他。韋彥德之前的認同判辭與這起打壓反對派議會抗爭的案件，實在脫不了干係。

海外非常任法官既無緣參與審理上訴至終院的國安案件，又無法參與審理最招人質疑為司法不公的下級法院刑事案件，連把好「民主」的關也做不好。他們繼續廁身終院，是否只會淪落如美國法學家孔傑榮（Jerome Alan Cohen）所言，「僅僅是裝飾物（mere ornaments），只是『名義上出現』在有爭議的大案中，反而誤導香港及海外的公眾，以為香港法庭一切如常。」？[16]

有一種說法，指香港的司法機構，至少在商業法律層面仍能根據法治原則運作，故不應全然否定香港的司法獨立，海外法官應繼續留在香港支持終審法院。不過，如果他們坐鎮香港法院，只是用來維持香港法院在處理商貿案件時享有法治和司法獨立的形象，他們的功能，其實只是強化香港發展一套類似二戰前德國的「雙重體制」，在經濟層面延續香港的司法獨立和法治，但在政治層面則任由政府任意弄權，以嚴刑峻法清算異己、整肅公民社會。[17]久而久之，留下的海外非常任法官就不只是政府外宣「香港仍然有法治和司法獨立」的裝飾，更是這種德國納粹創造的「雙重體制」的積極支持者。

第三篇

司法抗爭的啟示

6
比較司法抗爭之一——
法庭的「超合作運動」

我在二〇一九年反修例運動期間，曾訪問過一位為示威者抗辯的大律師。當被問到當權者用盡法律工具和法庭程序剝奪示威者的法律權利和基本自由，被告和律師可以如何應對時，他答道：「那我們唯有努力推動一個『超合作運動』吧。」

他口中的「超合作運動」，就是窮盡現有體制內的所有渠道和程序，盡力為被告爭取合理待遇和尋求公義，不達目的誓不罷休；即使現有制度崩壞，只要循正式途徑行事，總會將當權者迫到牆角，回應制度的要求。

司法抗爭在人類歷史大致有兩條進路：一是用盡體制資源、在既有的制度規範內抵抗不公義的法律或審訊；一是打破常規，用出格的方法抵抗司法迫害，凸顯制度不公。在本章中，我將比較古今人權法官和人權律師的表率，分析他們如何透過參與司法體制，盡力改進人權保障，維護弱勢社群的人性尊嚴。

人權法官的表率：當代南非和美國的兩個傳奇

誠如前一章所言，法官也是人，法官的行為，總有人的因素左右。人的心思、意志、信念以至行動力，都會對事件的發展帶來重要影響。讀畢前南非憲法法院法官奧比．薩克斯（Albie Sacks）的自傳和美國已離世的露思．金斯伯格大法官（Ruth Bader Ginsburg）的文集，兩位大法官一生的經歷，正好用來借鑑法官的思言行為，對維護法治和人權來說是多麼舉足輕重。[1]

薩克斯：由流亡人權捍衛者到憲法法院大法官

薩克斯成為南非轉型後的憲法法院法官前，是一個流亡海外的抗爭者。他是「非洲民族議會」（African National Congress）的首席法律顧問，亦是國際知名的法學教授，從事法律與社會實證研究（socio-legal studies）。他在南非國內求學和當執業律師時，曾被國安警察單獨囚禁超過八個月，更慘受酷刑對待。他憶述當時政權以恐怖主義為由，大規模拘捕和單獨囚禁，來對付反對種族隔離的抗爭者；儘管他在法庭上指控國安以酷刑逼供，但國安總會以「出於保護法官和其家人免受恐怖攻擊」來為其惡行辯護。薩克斯在回憶錄中明言，雖然當時有部分法官以行動證明，司法良心在「黑暗的大環境」下仍有彰顯公義的空間，但令人難過的是，這樣的法官實在寥寥可數。

薩克斯在海外開始成為法律學者後，南非白人政權仍然沒有放過他。一九八八年，南非特務在莫三比克用汽車炸彈來謀害薩克斯，他雖避過死劫，但卻失去一隻手臂和一眼視力。兩年後，南非政權終於承認非洲民族議會的合法地位，曼德拉獲釋，薩克斯也結束二十四年的流亡狀態，回國參與草擬憲法。一九九四年，在南非民主化後成為總統的曼德拉任命薩克斯為憲法法院首批大法官之一，就此開展他十五年的法官生涯。

薩克斯和他憲法法院同袍的人生經歷和法律造詣，可謂南非案例維護人性尊嚴的根基。他在回憶錄中提到，他的法官同儕，至少一半人大半生都被政權視為「恐怖分子」，而另一半人就是這些恐怖分子的辯護律師。這群憲法法官出身寒微，不只因為三餐不繼，而是因為種族隔離政策的制度暴力，令白種人享盡社會優勢，非白人就被羞辱歧視。南非新憲法正是要全面推倒這種處境繼續蠶食南非社會。只要看看南非憲法全文，自然能體會它悍衛人性尊嚴高於一切的精神：

> 我們，南非子民，承認過去的不正義，向為正義和自由而在我們土地內受苦的人致敬……因此，透過自由選舉代表、實踐本憲法作為共和國最高法律，我們要治療過去造成的撕裂，建設一個以民主價值、社會公義和基本人權為圭臬的社會；要為民主和開放社會——即政府要建基在人民意願、法律面前人人平等——打好根基；改善所有國民的生活質素、人人得以釋放潛能；建

立一個團結、民主的南非，使她在國際大家庭中成為一個正當的主權國家。

——摘自《南非共和國憲法》序言（原文為英文，由作者翻譯成中文）

《南非共和國憲法》第二章，開宗明義是〈人權憲章〉（Bill of Rights），其中涉及的權利範疇，和香港以至西方國家僅重視消極權利不同，它包羅各項國際人權公約承認的社會經濟權利，例如勞動權（第二十三條）、環境保護（第二十四條）、適足居住權（第二十六條）、教育（第二十九條）、語言及文化（第三十條）等等。憲法亦有提出「緊急狀態」的應用，但明文規定只有國會有權頒布，緊急法令亦不可以中止保障若干基本人權，被緊急法令拘留者仍然有權選擇自己的醫生和律師（第三十七條）。

當然，憲法修辭再華麗動人，也不及真正付諸實行那麼寶貴。薩克斯在任法官期間，審理過不少人權案件，其中一宗有關居住權的訴訟，堪稱經典的人權案例。[2] 薩克斯在回憶錄中提出一個問題：社會經濟權利算是法院直接執行的基本人權嗎？如果是，又應該如何執行？儘管南非憲法已明文規定居住權要得到保障，但這項權利究竟是原則性規範，抑或可以由非民選產生的法官要求負責公共資源分配的行政機關執行，仍屬法理學上的爭論。但薩克斯認為，在社會極度貧窮的情況下，反歧視的平權保障不足以保障每人享有「生而為人的最起碼生活水準」。他認為，雖然傳統上出身社會上流的法官往往較為重視抽象形式的法律思維，難以體會真實社會中的人生百態，更容易傾向維持社會現狀；但他亦深信法官對人性尊嚴和壓迫的理解，應比只重視效益主義的行政部門更能保障每個人的自尊。何況南非種族隔離的經驗，令他覺察到要恢復人性尊嚴，就必須同步保障人權自由和創造有尊嚴生活的條件。

薩克斯和同儕在此居住權案中，確立國家在社會經濟權利的義務，強調要實現《南非共和國憲法》中〈人權憲章〉要求的權利，就必須肯定不同權利是息息相關、互相依存的。薩克斯形容，居住權和人性尊嚴的權利，兩者不能切割；政府保障居住權不只在於建房數量多寡，居住品質亦相當重要。不過，該判決沒有要求政府提供房屋給提訴人作補償，只要求政府自決如何補救。結果是判決八年之後、事主離世之前仍無法享受適足居住權。[3]由此可見，即使法官維護人性尊嚴，行政當局不當一回事的話，權利保障可能只是徒勞無功。不過，法院作為建制的一部分，能做出如此積極的判決，發表如此進步的判辭，和法官個人堅持社會平等和政治平等的意志及視野，以及他們對於南非過去暴政的體會是分不開的。

金斯伯格：連結平權運動與公民社會的大法官

美國最高法院大法官金斯伯格最廣為人道的，是她透過司法訴訟，爭取性別平權的歷程。一九七一年，身為新澤西州立大學法學院教授的她，與美國公民自由聯盟（American Civil Liberties Union, ACLU）合作草擬兩份訴訟委聘書，一份提告當局沒有保障單身男士供養年老母親可享有與女性同等的扣稅安排；另一份入稟狀則控告州政府偏袒男性可直接成為未有按立遺囑而死亡的親人遺產執行人，導致性別歧視。[4]結果，美國最高法院以該案違反《美國憲法》第十四修正案的平等保護條款為由，指州法律歧視女性，判申請人勝訴，成為美國性別平權運動的里程碑。

翌年，金斯伯格到紐約哥倫比亞大學出任法學院教授，並應邀擔任美國公民自由聯盟的婦女權利計畫（Women's Rights Project）協調人，開始她平權運動之路：透過司法訴訟，逐漸挑戰美國歧視女性的法律，漸進推動男女平等的法律改革和法律文化。最後，她被委任為最高法院大法官，並在這崗位終其一生。

金斯伯格之所以在保障人權方面貢獻良多，既建基於她的個人際遇和心志，也受到制度條件所塑造。她得以司法抗爭的方法開展性別平權運動，除了因為受害人願意入稟法庭，也因為美國公民自由聯盟（下稱聯盟）有效的資源動員。這個聯盟是美國當地一所大型的全國性非政府組織，旨在「捍衛和維護美國憲法和其他法律賦予每個公民享有的個人的權利和自由」。聯盟的策略除了倡導政策和動員群眾外，更會主動參與司法抗爭。它聘用律師成為組織的雇員，為受到法例或政策影響的公民提供代表律師，或在一些已有律師事務所代理的人權案件中隨時準備加入訴訟，成為「法庭之友」（amicus curiae）去陳述法律觀點和表達訴求。當聯盟接到個案，會和當事人、社運人士等共同商議訴訟策略，令這類違憲審查和維權訴訟，不只停留在一種防守性、保障當事人權益為本的方式去進行，而是進一步地把訴訟連結社會運動，直接要求司法和立法機關進行法律改革。

透過善用體制提供的法律資本和司法資源去謀求進步改革，在美國的法律文化和社運文化是平常事；聯盟對平權運動的觸覺和龐大的資源網絡，很大程度上支持了當年的金斯伯格發揮其心志與所長，推進性別平權運動。

體制內抗爭與超合作運動：香港的局限

南非大法官薩克斯在南非人權發展的貢獻，和他個人在被暴政迫害的經歷是分不開的，也和南非得以結束種族隔離，啟動政治體制轉型有相當大的關係。換言之，南非人權法官可以在體制內推動人權保障，既關乎南非體制建立了民主憲政，也關乎人權法官們經歷不公義的洗禮後對人權、人性尊嚴的堅持。對香港人而言，南非的經驗是可望而不可及的。香港在《港區國安法》通過後經歷的一系列政治鎮壓造成極大的政治和司法不公義，流亡的人權捍衛者亦愈來愈多。但香港過去的殖民歷史未曾爆發過大規模的反殖運動，至今始終未能進行政治體制的轉型，遑論全民制憲、培育被迫害過的法律人當人權法官。這些期望，暫時只能是空中樓閣。

至於美國公民自由聯盟透過資源動員，在現有司法體制興訟以改善人權的經驗，能否複製到香港呢？我認為答案是一半半。香港不少律師及事務律師有維權與尋求司法公義的志向，但香港規管法律專業的制度並不鼓勵律師為公民社會和弱勢社群提供免費法律服務（pro bono legal service）。香港的律師要提供有償或無償法律諮詢，首先要所屬的律師事務所購買專業彌償保險（indemnity insurance），以管理日後客戶如因所得法律意見導致損失，因而控告其聘用律師的風險；一般而言，事務律師要為非政府組織提供免費法律服務，首先要得到其受僱且已有專業彌償保險的事務所批准。

至於大律師，他們雖然可以為不同群體提供免費法律服務，但只能出於自願性質，行業公會並未仿效其他司法管轄區，強制要求大律師參與相關工作以強化維護公義和弱勢社會的法律文化。

香港的慈善機構並不能直接聘用律師進行法律專業的工作。按現時的法律執業證書規定，非政府組織及慈善團體並不屬於獲認可的雇主。即使是合資格成為法律從業員的人士獲該等機構聘用，也不能以事務律師的身分工作。故此，香港不能如美國公民自由聯盟般，有自己的律師團隊推動司法維權，即使和律師合作，也要視乎其事務所是否願意負起政治和司法成本。再加上《港版國安法》通過後，香港慈善機構獲政府免稅的條款加上了不能「有違國家安全利益」的規定，在行業規定和國安體制兩者兼施下，很大程度局限了有意投身維護人權、促進公義的律師發展其志業。[5]

香港除了有專業彌償保險的限制，還缺乏集體訴訟制度（class action），令香港的社會運動和法律界難以完全複製美國人權運動的策略。法律學者梅麗朗（Rachael Mulheron）在《普通法法律體系中的集體訴訟》（*The Class Action in Common Law Legal Systems*）一書中提到集體訴訟的定義：

> 〔集體訴訟〕是一種可讓多人在一宗訟案裡針對同一名被告提出申索（申

訴，或其中部分申索），並一併裁定的法律程序。在集體訴訟中，一人或多於一人（『原告代表人』）可代表自己提出訴訟，亦可同時代表多名基於與原告代表人所指稱過失相同或相類的過失而申索補救的其他人（『該集體』）提出訴訟……集體成員雖然在該項訴訟的大部分過程中都沒有積極參與，但就共通的爭論點而言會受到訴訟結果約束，不論結果有利或不利於該集體皆然。[6]

集體訴訟的例子，多數和消費者追討產品貨不對辦而提告生產商有關。例如早年蘋果公司更新手機系統時，刻意令手機運作遲鈍，引發大批用戶入稟法院追討賠償。但集體訴訟更可應用在挑戰公權力上。二〇二〇年的美國「黑人同命」（Black Lives Matter）運動和引發的連串警暴爭議，美國公民自由聯盟便和一班在和平示威中受傷的示威者，向明尼蘇達當局提出集體訴訟，控告警察使用不必要及過度的武力，違反《美國憲法》第一修正案的和平集會權。[7]

集體訴訟的好處，除了令單靠個人則缺乏經濟能力追討賠償的申索人，可以集腋成裘追討損失外，也能有效運用法庭資源；更重要的是集體訴訟可以壯大申索人的支持群體以至相關的社會運動，令司法行動不只是個人與財團或當權者的爭端，而是維護社群權利的行動。

香港法律改革委員會早在二〇一二年已發表報告書，建議香港應採納集體訴訟機制。法改會相信一個全面的集體訴訟機制能強化尋求司法公正（access to justice）的渠道，並會提供一套「有效率、清晰明確和實際可行」的機制。然而，政府至今仍然停留在研究階段。

最後，香港政府在二〇二一年末改革法律援助制度，民事興訟人和刑事被告人再難以經由政府法援資助，自由選擇代表律師；以人權訴訟和為示威者抗辯為主業的律師事務所，也更難依靠政府法援而營運。同時，政府又在二〇二二年提出要訂立規管民間眾籌（crowdfunding）的法例，旨在「杜絕」一切「危害國安」的眾籌活動。雖然這項立法仍是只聞樓梯響，但政府過去幾年先後以《港區國安法》拘捕民間眾籌平臺「612人道支援基金」的信託人、訂閱被通緝的海外抗爭者社交平臺之在港市民等等，說到底便是上一章所言，切斷民間的司法資源網絡，削弱公民社會透過現有體制進行抗爭、甚至是「超合作運動」的能力。

人權律師在以巴衝突中頑抗的啟示

在民主社會，要打破不公義的法律文化和制度，群眾動員、人權教育和司法抗爭缺一不可。同時，既有體制也需要有更靈活和公平的制度設計，在保障專業界別的行業利益之餘，也要令非政府組織、法律從業員以至市民大眾能靈活地運用法律資源，更有效和更實質地透過司法制度尋求公義。

不過，如果我們活在一個不平等的制度之下，如果依舊進入司法體制，在既有制度下用盡體制資源抗爭，搞「超合作運動」的話，又是否值得呢？

在二〇一九年反送中運動爆發的前幾個月，香港大學法學院舉辦了一場講座，邀請了多倫多大學法學院教授戴森豪斯（David Dyzenhaus），分享外國的人權律師在法治暗淡無光之時，如何運用法律專業，視法庭為抗爭之地，堅持到底。[8]講座其間，教授推薦了一本關於以色列司法維權運動的著作《牆與門：以色列、巴士與爭取人權的法律戰》。[9]本書作者斯法爾（Michael Sfard）是猶太裔人權律師，本書既是他訪問當地人權律師生涯的成果，亦是他個人從事志業的反省，更是一本宏觀地展現以色列和巴勒斯坦政治、法律和社會角力大歷史之作。

以巴衝突與「圈地」式囤墾

《牆與門》的背景，是針對以巴衝突下，以色列政府在巴勒斯坦自治區多番囤墾的違法行為。第二次世界大戰之後，聯合國大會通過決議，建議將本來由英國託管的巴勒斯坦劃分為兩個國家，一個以阿拉伯人為主、一個歸猶太人管治。但以色列在一九四八年五月單方面宣布建國，下令趕走原本住在巴勒斯坦地區的阿拉伯人，讓他們變成難民，阿拉伯國家因而對以色列開戰。結果，有大約七十萬巴勒斯坦阿拉伯人逃離或被驅逐出巴勒斯坦地區，部分阿拉伯人同時成立「巴勒斯坦解放組織」（PLO）尋求建國；聯合國其後亦成立和解委員會，要求以色列和阿拉伯國家簽署停戰協議，劃出臨時停火邊界（Green Line），定在約旦河的西岸（West Bank），讓巴勒斯坦人居住。

停火協議並沒有阻止以色列和阿拉伯世界之間的武裝衝突。在一九六七年的「六日戰爭」，以色列擊敗阿拉伯聯軍，占領約旦河西岸、加薩走廊、耶路撒冷等地。最後聯合國安理會要求以色列撤出新占土地；阿拉伯國家同時要承認以色列的獨立地位。至一九九三年，本來雙方領袖簽署了《奧斯陸協議》（*Oslo Accord*），為以巴和解鋪路，但兩年後以色列領袖拉賓（Yitzhak Rabin）遭以色列右翼極端分子刺殺，協議無限期擱置，以巴雙方繼續掀起戰事。由於美國政府一定支持以色列，國際社會亦一直拒絕以行動承認巴勒斯坦的主權和領土，令以色列政府有恃無恐，一方面以軍事手段對付PLO，另一方面則以建立「囤墾區」（settlements）的方式，在巴勒斯坦自治區內進行連串「圈地」行動。10

所謂建設囤墾區，是指以色列政府持續派送本國國民到巴勒斯坦自治區境內合法興建房屋及公共建設，並加設圍牆，使囤墾區實質上成為以色列的領土。由一九六七年至今，約近六十萬以國猶太人占據了九%的西岸自治區領土，至少興建了一百二十個囤墾區。聯合國安理會多次要求以色列停止在屯墾區活動，但以色列仍等閒視之，亦令西岸以巴衝突持續。斯法爾在書中指出，以色列政府的囤墾政策，不單違反國際法，更嚴重侵害巴勒斯坦阿拉伯人的人權：

1. 根據國際法（如《日內瓦第四公約》），在戰爭期間，一方占領對方土地，不可將本國平民輸送到占領區；既然以巴只是暫時停火，即仍在戰爭狀態，以色列政府就不應將國民送入巴勒斯坦自治區內定居，否則就違反國際法；

2. 巴勒斯坦領土雖然有自治政府，但實質仍然由以色列控制，比如在自治區外的巴勒斯坦阿拉伯人要先獲得以色列軍方發出的許可證，才能回到自治領土；自治領土被以色列軍方以本國行政模式管理，但自治領土內的囤墾區住民則不受軍管，仍由以色列政府管治。一個領土，兩種制度，猶如中國古代元朝的蒙漢之別，亦是違反自法國大革命起的現代法傳統：司法管轄權是以領土（territoriality）而非個人特質為基礎；

3.以色列的囤墾行為，等於強搶巴人土地。興建囤墾區和圍牆過程，往往會圈走巴勒斯坦人的農地和公地，但以軍就一直以囤墾是基於國土安全考慮為由辯解。活在巴勒斯坦囤墾區內的猶太人和當地阿拉伯人的待遇有等差，後者的私產甚至人身安全在面對以國殖民的狀況下，沒有保障。二〇二一年時聯合國人權專家公開表示定居在巴勒斯坦境內的猶太人襲擊巴勒斯坦人的情況愈來愈嚴重，單是二〇二〇年便有二百零一宗，更令一位巴勒斯坦人喪命。[11] 二〇二二年，國際特赦組織直接指出以色列針對巴勒斯坦的政策，和當年南非種族隔離政策無異。[12] 這種殖民式管治，根本和南非種族隔離政策引起的衝突同理。

以色列法官裁決獨立，不等於思考獨立

以巴當地的人權律師（包括後來的斯法爾），自一九七〇年代起，便一直以司法覆核的策略，嘗試停止以色列政府的囤墾政策，改變巴勒斯坦人的命運。本書討論了不少相關訴訟和爭辯過程，最值得咀嚼的，是行使普通法的以色列法庭如何思考、如何裁決。以下所提到的四宗案例，反映了法庭如何透過兩種手段，

來應付巴勒斯坦人挑戰囤壆問題。

手段之一：拒絕受理訴訟

第一個手段，就是拒絕受理訴訟。一九七八年，以色列猶太人在巴勒斯坦領土囤壆、加上圍欄時，將當地農民的土地劃到圍欄內，受影響的巴勒斯坦人就透過人權律師庫利（Elias Khoury）向以色列最高法院提訴，控告以色列政府侵犯私有財產權。在訴訟過程，以色列政府堅持圍欄所圈出的土地只包括公用土地而非私人農地。為了釐清土地性質，法庭破天荒頒下臨時法令，暫停以色列人興建圍欄工程。之後，以色列政府代表暗中聯絡庫利，希望庭外和解，以免先例一開，會有更多巴勒斯坦人向法庭申請臨時禁制令阻止囤壆工程進行。然而，參與訴訟的巴勒斯坦社群組織認為此舉是屈服的表現，拒絕和解。最終法庭指由於案件的重點已轉移到圍欄之內的土地性質是否私人土地，並非最高法院的管轄範圍，故宣布拒絕受理訴訟。

法庭拒絕受理案件，等於法庭毋須透過裁決和判辭來論證以色列囤壆是否具合法性和正當性。這種迴避問題的做法，在之後巴勒斯坦人就囤墾提訴時亦屢見不鮮。例如在一宗針對以色列人在耶路撒冷北部囤墾的提訴，提訴一方的理據，是在該處囤墾，根本無助於保障以色列的國土安全。法庭在訴訟之初，曾頒下臨時法令暫停興建囤墾區；但當政府抗辯時不再將重點放在土地是否屬於私人財產，而強調囤墾是出於軍事考慮，法庭就回轉心意，准予以方繼續興建。在訴訟過程，法官完全沒有去質疑當地的囤墾是否真的基於軍事需要，反而在提訴一方盤問政府代表時處處留難。

最後，法庭認同政府代表律師所指，一日軍事狀態未結束，一日都有需要在當地囤墾的論點，因而再次拒絕受理訴訟。法庭迴避判決，就不用一錘定音，以免得罪以色列政府或巴勒斯坦人任何一方。

到一九九一年，巴勒斯坦民間再次因猶太人囤墾問題而興訟。當時一個民間團體 PEACE NOW 成立了「囤墾監察隊」，研究、蒐集以色列政府數十年來在巴勒斯坦領土囤墾的證據，打算直搗黃龍，要求以色列最高法院就囤墾本身的合法性做裁決。政府代表抗辯時，卻要求法庭確立司法機構無權處理（nonjusticiability）有關囤墾的呈請，最終法官認為，呈請的內容屬民主政府司法機構以外的管轄範圍，且呈請的議題充滿政治元素，所以法庭應拒絕受理是次呈請。

法庭將自己包裝成不干涉行政機關、不干涉政治爭拗的機構，此說能否站得住腳？事實上是該裁決兩星期後，以色列最高法院在另一宗訴訟，判決以色列總理須解僱被控貪汙的內政部長。當時並無任何法例規定政府必須解僱被刑事起訴的官員，但法院主動干預行政機關的做法，被視為偏幫以國政府的表現。比對法庭有關囤墾問題的處理手法，自然予人雙重標準的觀感。在斯法爾看來，興建囤墾區牽涉龐大的以色列國家利益，加上巴勒斯坦人非猶太人，以色列的法庭沒有誘因推進平權；法庭認為以色列有民主政府，就更令人覺得可笑：巴勒斯坦領土內的阿拉伯人長期遭受以軍和猶太人的不平等待遇，以色列有何顏面說自己是民主國家？法庭的做法，讓自身在維持司法「獨立」的形象之餘，又能做為政權的保護罩，實在何樂而不為？

手段之二：以法律技藝確立囤墾正當性

以色列法官第二個迎合政府的做法，就是以法律技藝（legal technicality）去確立猶太人囤墾的正當性。即以法律條文和規範凌駕實質理由，「技術性擊倒」囤墾違法違權的論據。庫利曾代理一宗由巴勒斯坦人提出的訴訟，反對政府囤墾，理由是政府不能透過平民囤墾，負擔應由軍人負責的維護國安工作，否則是違反前述禁止戰時遷移人口到占領地的《日內瓦第四公約》。但法庭裁決，《日內瓦第四公約》是公約法，不適用於本地法院；即使是適用的國際習慣法如《海牙公約》，也無明文禁止平民遷移。法院亦接納政府一方的論點，認同如果有更多以國國民住在巴勒斯坦領土，並會跟蹤、通報懷疑是恐怖分子的阿拉伯人，將有助以軍部署；但如果當地人（巴勒斯坦人）大多同情「恐怖分子」的話，就難以減少恐怖活動發生。法庭進一步強調，它只處理訴訟過程中呈上的證據，不考慮在坊間流傳的文件和聲明。但當時以色列政府的文件其實明言囤墾目的是為了完成人口遷移的政治工程，由於政府代表律師並無呈上相關文本，法庭的聲明等於說明它會迴避人所共知的基本事實，做出有利政府的裁決。

在艱難中奮鬥的人權律師

斯法爾和同行的訴訟經驗，其實令他們很感洩氣。甚至有前以色列官員在一場「以色列公民權利協會」的檢討會中向他們笑說，當地人權律師積極在司法體制內為巴勒斯坦人爭取權益，其實反而是幫了以色列政府一把，因為律師不斷參與正式訴訟機制，就可以令國家司法制度更具認受性，至少令國際社會同意以色列的司法制度仍然「有險可守」，不會令以國的形象變得更差。斯法爾一行人聽到這番言論後，當然感到滿不是味兒，故在檢討會後曾草擬一份文件，聲明協會以後不再入稟以色列法院，提出有關公益和原則性的司法覆核去挑戰政府，反正法庭次次都判政府贏；但如果訴訟牽涉個體客戶的具體法律爭議，依舊會支援。但這份草稿到了協會管理層手中被否決，原因是原則性訴訟和個人權益訴訟其實根本就分不開；管理層亦不認同全面拒絕在司法體制內打官司的策略。斯法爾最初感到失望，但他完成眾多人權律師訪問後，對此卻有新的體會。

斯法爾一直在反省當人權律師的兩難：一方面，他希望透過訴訟成功，爭取政策和體制改變；但對他的客戶來說，最重要的是能改變即時的苦況。當他想打官司挑戰囤墾區興建圍欄不合法時，受影響的農民客戶只想要求以軍在圍欄加裝一道閘門讓他可以繼續進出耕作；在他思考不如停止接辦挑戰囤墾合法性的官司，以免增加以色列法院的認受性前，他就想到此舉會被巴勒斯坦人指責他為了否定司法制度，拒絕協助當地人在體制內爭取回到自治領土以家庭團聚。他在文末總結時說，衡量司法抗爭的成敗得失，除了聚焦在體制改革和政策改變之外，個體客戶的權益也相當重要。畢竟，政治制度非以役人，乃役於人，否則人就會淪為國家機器的奴隸。對於在前線的人權律師來說，繼續在以色列進行司法抗爭，至少不會失去改變巴勒斯坦人命運的機會；即使官司一直輸，還是能得到四個實際效益：

1. **資訊效益**：訴訟過程，政府代表必須呈交包括政府文件在內的相關資訊，政府檔案在法庭流通，本地或國際媒體就能報導，增加審訊透明度之餘，也提高法庭外的公眾和社運人士對問題的認知，有助持續反對運動；

2. **論述效益**：訴訟期間的法律觀點和法庭的裁決能演變為社運人士論述議題

的理論文本，等於增加反對運動的資源；

3. **對手代價效益**：透過提訴迫使法庭做裁決，等於將法庭推到牆角，就關於法律問題表明立場，無論是拒絕受理抑或受理且無差別地支持政府，也會成為公眾和國際焦點，使法庭逐漸失去「司法獨立」的公信力；

4. **變革效益**：司法訴訟儘管無法一次就否定囤墾政策，但至少在法庭不斷裁決的過程中，將囤墾的條件和規限不斷收窄，可以漸進減低囤墾的權限，對整個反對運動有利。

斯法爾強調，司法訴訟不是運動的主體，只是一個促進大型運動的次級工具（secondary tool）：司法抗爭的政治過程，能生產一套有別於現存不公義法律秩序的倫理價值和社會願景，長期而言或能移風易俗，影響以色列社會的法治文化，國民毋須依賴政權的法律意識形態做道德倫理判斷。斯法爾進一步認為，人權律師之所以繼續在以色列的法庭抗戰，是他們也相信政治形勢多變。用我們的語言來說，就是無論訴訟結果如何，訴訟過程本身就能保持抗爭溫度，令國際壓力持續，終會迫使以色列政府讓步。

反省

《牆與門》是一部以人性化的角度，去探討不民主體制下的法治、司法獨立、人權運動和司法抗爭之作。人權律師配合大型運動和宏觀國際局勢，以自己的專業繼續抗爭，正好和我們認識的中國維權律師、臺灣美麗島的義務律師，以及今日香港為政治犯服務的抗辯律師相映照。刑事抗辯和司法覆核不同，前者主導權在執法和檢控部門，基本上是沒有選擇的頑抗；後者就往往是審時度勢，由民間主動出擊的手段。以巴衝突的囫圇問題，其實和兩者交疊：當土地被外族掠去，在缺乏民主和自主的政治體制下，除了以暴易暴和甘願流離失所，可能只剩下司法維權一途。斯法爾所著的貢獻，除了條理分析司法抗爭的價值，也是否定了司法制度的神聖地位。當社會文化視法律和法庭是超然的社會產物，就容易忘記司法制度並不是萬靈丹。沒有大型反抗運動做前提的話，單靠司法抗爭也無甚作為；法官儘管裁決獨立，思考模式也以不得罪政權為前提。

香港處境和以巴衝突固然不盡相同，但他山之石，可以攻玉，《牆與門》深刻批判以色列政權的普通法制度何其荒謬，也流露當地人權律師們對司法抗爭的反思。斯法爾選擇和不公義的司法制度「超合作」，背後考量的不只是訟訴勝負，更考量了公民社會和群眾運動的效益。所以，純粹討論律師應否在體制內抗爭，並不能準確捕捉到其完整的意義和價值；律師如何定義自己在體制內、在公民社會，以至在社會運動中的身分和位置，應該是更重要的問題。

在下一章，我們換一個角度，從刑事審訊的抗爭者或人權捍衛者的視角出發，反省在政治審訊中出格抗爭的意義。

7 比較司法抗爭之二——抗辯者的顛覆意志

不論是普通法系抑或大陸法系的司法管轄區，法庭都是一個高度規範的空間，裡面有各式各樣的典章制度規管法官、控辯雙方以至旁聽人士的言行。亦因如此，法庭往往如祭壇，廁身其中的人必須循規蹈矩，要不就容易被視為藐視法庭而成為罪犯。可以說，法庭本身是充滿壓迫的空間，尤其當法官享有極大的酌情權（discretion）去處理法庭秩序和有關人士言行的問題，他是否公正、規範是否偏袒當權者便成為大疑問。

抗爭者面對政治審訊，不管身處民主國家或威權國家，都可能選擇以出格的方式抗辯，一方面作為對體制壓迫的反抗，另一方面也以此凸顯審訊以至制度不公之舉。能夠破格地進行司法抗爭的人，除了出於個人的心理質素和政治視野，也關乎外在的環境，群眾能持續支持抗辯者以法庭作為政治動員和抵抗的平臺。本章借鑑美國、臺灣和南非的案例，反思抗辯者為何及如何在法庭內彰顯顛覆司法不公和司法迫害的意志。

芝加哥七人案的政治抗辯

二〇二一年，一齣在網上串流平臺放映的《芝加哥七人案：驚世審判》（*The Trial of the Chicago 7*），獲提名奧斯卡最佳電影之一。雖然最終沒有得獎，但它探討有關司法抗辯的議題，對我們應該有相當的啟發性。

該片改篇自真人真事，描寫一九六八年越戰背景下的美國，國內各州的反戰示威者走到芝加哥民主黨全國代表大會，抗議美國政府在徵兵期間引發警民衝突、並在翌年共和黨新政府上場後起訴八名涉嫌煽動暴動的社運人士的一場審判

（*United States v. Dellinger et al.*）。[1]這齣電影精采之處，不單只是反戰、反對種族歧視的主旋律，更在於它深刻揭露、批判司法部、司法系統以至法官大搞政治審判和不公平審訊的荒謬。

導演在電影開首，便精準地批判這場審判是由政治掛帥。共和黨的尼克遜上任總統後，新任司法部長召見一位年輕的聯邦檢察官，先批評前任司法部長不起訴芝加哥反戰示威者是縱容他們危害國家安全、是「不愛國」的表現，再要求檢察官以《反暴動法》的共謀跨州煽動暴力罪起訴八位社運人士，最高刑罰可達十年監禁。檢察官最初力陳上屆政府的司法部對此已完成調查，指當時儘管發生零星的擅闖和破壞公共財物，但無人要為干犯煽動暴動負上刑責；加上該《反暴動法》原是由美國南方的白人在國會制定、用來打壓黑人民權運動言論自由的工具，以該罪檢控必定引來社會反彈。但新任司法部長反斥：「法律由誰通過不重要，有無效用才最重要」，於是檢察官不再爭辯，接下這件差事。

這場共和黨政府司法部門的內部爭拗，正好反映一個問題：究竟作為政治內閣一員的司法部長，可以有多超然於執政黨的政治利益和個人道德價值的執著去檢控？所謂依法檢控，是在維護國安，還是用來震懾反對政府開戰、抗議政府犧牲國家青年的年輕國民？

當然，判案的場所是法庭，但法官的審訊又是否公平呢？電影中，八名社運人士多番面對法官的傲慢和種族歧視的壓迫。其中一名被告巴比．希爾（Bobby Seale），是黑人運動中黑豹黨的領袖，由於他的代表律師在醫院治療，故向法官提出延遲審訊，卻多番被拒。到上庭時，法官更多次拒絕希爾自辯，並強迫他聘用代表其餘七人的辯護律師，變相剝奪他自由選擇法律代表的權利。這位法官更多次以藐視法庭罪來應付指斥法官處事不公的被告和辯護律師；甚至當控方法官表示反對辯方一句盤問的說話時，法官竟要求該辯方律師整段訊問證人內容刪除，令辯方和旁聽人士側目。

電影其中一段「高潮」，是希爾的同伴旁聽審訊時被法官點名斥責之後，晚上突然被闖入家裡的警察藉詞槍殺。希爾得知同伴的死訊在法庭訴冤，法官反更怒火中燒，叫兩名白人庭警將希爾帶走，他被庭警毆打後手腳被縛，嘴裡更被塞上布條再帶上庭。這一幕，正好諷刺在法庭內當法官和庭警的白人，如何殘酷、不人道地對待黑人被告、剝奪他的人性尊嚴。

同樣諷刺的是，在電影裡，辯方律師直斥法官是種族歧視，最終檢察官也看不過眼，要求法官宣告對希爾的審判無效；可是以上橋段其實只是電影改編，現實是法官雖宣布希爾審判無效，但同時以藐視法庭罪判他入獄四年，檢控官對此也只是冷眼旁觀。

凸顯審訊荒謬，重申反戰初心

對我來說，最精采的片段，是其中兩位被告艾比．霍夫曼（Abbie Hoffman）和湯姆．海登（Tom Hayden）如何應對這場審判。霍夫曼一直都對這場審訊抱持批判的態度，他一早便認定這是場政治審訊；法庭的禮節皆是維護體制的宗教形式罷了，所以在庭上用盡方法凸顯審訊的荒謬和醜陋，以及重申反戰示威的初心。他曾穿上警察的戲服和披上類似法官的黑袍出席審訊，諷刺司法系統是政治打壓和政治暴力的工具。辯方律師最初不以為然，駁斥霍夫曼「只有民事審判和刑事審判，沒有政治審判」，但到後來律師親身感受法庭體制產生的不公平審訊，和知悉前任司法部長早已認定是芝加哥警局引發暴動、被告並沒有煽動暴力，也在庭上直斥新政府推翻前朝決定，起訴動機可疑。

霍夫曼在庭上被控方盤問時，被問到如何看待一段被視為煽動暴力的錄音（「如果非流血不可，讓血流遍全城吧！」），他妙語如珠，引用聖經的一句經文：「因為我來，是為叫人脫離自己的父親，女兒脫離自己的母親」（瑪竇〔馬太〕福音第十章三十五節），反問檢察官耶穌這麼說是否是煽動仇恨，以證明控方只是斷章取義，忽略錄音中的發言者同時也發表不少反戰宣言，政權卻從未「被煽惑」而休戰。霍夫曼的表現，正好顯示他應對政治審判之道是直搗核心，以諷刺的言行凸顯司法迫害。

至於海登，他本來是一名相信制度、尊重法庭、權威的典型菁英，一心希望街頭抗議的力量會引導到政治選舉，讓他透過勝選來繼續實踐進步政治。所以，他最初面對庭審，是以爭取法官、陪審團以至輿論認同為目標，盡量表現溫文有禮，會剪好頭髮才上庭應審。甚至到希爾被勒令縛手縛腳和封口後，他仍會條件反射地在法官退庭時肅立示敬。

但五個多月的庭審，似乎改變了海登對司法權威是否值得尊重、審訊是否為政治掛帥的看法。在宣判前，他代表一眾被告發言，宣讀四千七百五十二名自他們被提訴起在越戰喪命的士兵姓名，彰顯他們反戰的初心。旁聽者、辯護律師紛紛起立鼓掌，甚至檢察官也「變節」肅立致敬。法官縱然大怒，但不斷呼喊「安靜」、「恢復秩序」的他，已顯得蒼白無力。

這場審判的結局，是陪審團裁定無人干犯共謀煽動罪，其中兩名被告無罪釋放，其餘人士各自的煽動暴力罪名成立，被判五年監禁。但後來上訴法庭推翻裁決，要求發還重審，司法部終沒有再次重新提訴。至於原審法官，在一份雙年普查被七成八的芝加哥庭審律師評為「不合格」，成為美國司法的恥辱。由此可見，即使是民主國家如美國，政治審訊和司法不公並未絕跡，但至少它保有上訴和法律專業的輿論制衡。這些制度優勢，令執政黨無法繼續針對反戰者進行司法迫害。

美麗島大審判的啟示

《芝加哥七人案：驚世審判》是反映戲如政治，還是政治如戲？一位朋友對我笑說：「每天到香港的法院聽法官審理反修例示威案件和《國安法》案件，難道就不比『芝加哥七人案』更警世嗎？」

這句話既戲謔，又令人傷感。畢竟香港的司法系統長期享有法治和司法獨立的國際聲譽，但是，當政治元素濃厚的刑事案件搬上法庭，法庭的表現卻令人氣餒。這類挑戰政權正當性的政治罪行放上法庭後，究竟會否被法律技術細節和法庭程序抹去政治迫害的本質？除了觀乎法官的處理手法，也要視乎抗辯者的政治意志和外界與抗辯者的凝聚力（solidarity）。

綜觀歷史，民眾和抗爭者、政治犯的凝聚力，往往是保持民主運動底氣不可或缺的一環。最近不少輿論嘗試比較今日香港和一九七〇、一九八〇年代臺灣「美麗島事件」、「美麗島大審判」的經歷。誠然，兩地時空不同，處理各異，當然難以直接比較；但鑑往知來，總能為民主運動在艱難的處境下提供養分。

朋友們推介由臺灣學者吳乃德撰寫的《臺灣最好的時刻，1977-1987：民族記憶美麗島》，是瞭解臺灣美麗島事件始末不可多得之作。[2]美麗島事件的背景，是處於戒嚴時代的臺灣，國民黨政權雖然容許局部的地方選舉，但思想審查、出版審查、抓捕、祕密審訊和處刑異見人士的恐怖管治早已持續了三十多年；國民黨也常進行選舉舞弊以保住議席。一九七九年，臺灣民運人士獲官方准許發刊《美麗島》雜誌，受到民眾熱烈歡迎；民運人士在臺灣各地經營雜誌社分處，整合全臺的民主運動力量，成為政權的眼中釘。同年十二月十日，《美麗島》雜誌原定響應國際人權日舉辦「人權之夜」戶外集會，卻一直未獲官方批准；同時，雜誌社又接報有分社職員遭警察毒打，氣氛非常緊張。本來《美麗島》人士已和警方達成協議、取消遊行，但最終人潮湧到高雄，民眾和《美麗島》成員開始遊行集會，演變成群眾和鎮暴（港稱防暴）部隊、警察及憲兵的衝突；之後，沒有參與武力反抗的民運人士相繼被捕，共一百五十二人，當中被收押的六十一人，三十三人交由普通法院審理，八人在軍事法庭被起訴。

經過連串的酷刑和刑求（強迫認罪），在軍事法庭受審的八位民運人士被起訴觸犯包括「非法顛覆政府」的罪行。這場軍事審判，可謂美麗島事件的高峰：它成為了民運人士政治抗辯的戰場，藉法庭的審訊過程闡述其民主運動的理想及對國民黨政權的批判。

值得留意的是，國民黨過去數十年針對異見者的審訊，往往透過軍事法庭祕密審訊完成，但美麗島大審判反而是公開審訊，媒體也沒有受到政權阻止報道審訊過程。吳乃德認為，有可能是因為這場大案得到國際社會廣泛關注，臺灣境內亦激發出跨黨派的同情，成為國民黨難以祕密審訊政治犯的壓力；當時國民黨領導蔣經國也誤判輿情，尤其是曾見證蘇聯審訊騷的他，可能認為這場審判的結果會是被告認罪求饒，加上他的情報單位曾提出一份報告，指「全國民心均支持政府嚴懲不法」，也許就此成就了一場變相成為全民政治教育的公開審訊。

法庭是民主運動的戰場

美麗島大審判由一般的法理抗辯蛻變成政治抗辯，是一個漸進的過程，原因是被告們在審訊期間逐漸意識到法庭是另一個民主運動的戰場。吳乃德比較美麗島事件、印度獨立運動和南非反種族隔離運動的司法抗辯，認為臺灣民運人士和後兩者不同，他們在審訊之初仍不瞭解法庭是政治抗爭的場所。相反，南非的曼德拉面對白人政權以叛國罪將他起訴時，透過在法庭陳述政治參與的歷史和政治理想，扭轉了政權強調黑人以武抗暴的議程，讓國內外人民聚焦在種族隔離的道德之惡。同樣，印度聖雄甘地面對審訊時，把握機會申述其不合作運動的好處，並否定審判和法庭的正當性，甚至叫法官在面對邪惡的法律時應辭職。不過，吳乃德並非借他山之石來批評臺灣的民運人士，而是表達理解。臺灣多年來的政治審訊始終是祕密進行，無法深入民心；被告們也在還押期間多次受到精神和肉體虐待，故在初期難以投入「毫不熟悉的戰場」是情有可原的。

那麼，被告開始政治抗辯的轉捩點在哪呢？吳乃德指出，關鍵可能在其中一名被告姚嘉文身上。姚嘉文憶述最初出庭時心灰意冷，但妻子與他會面時就提醒，他們庭上表現「既無爭辯，也缺乏鬥志，不像政治人物，外面非常失望」；後來在審訊期間，一位青年與姚嘉文同囚，姚氏從他口中得知庭外大眾非常關注這場大審，期待他們出庭時「好好表現，精采演出」；姚氏每日出庭前，那位青年都會鼓勵他好好辯論。這些「庭外因內」的打氣，令姚嘉文士氣一振，決定在法庭要反擊國民黨的文宣、傳遞《美麗島》雜誌的政治主張，鞏固民主運動的士氣。姚氏首開風氣，其他被告陸續進行政治抗辯，雖無直接痛擊軍事法庭的正當性，但吳乃德認為，被告勇於講述其政治主張，已「間接否定審判的正當性」。最終，政權控制的法庭仍然判處八位被告長期甚至無期監禁，但也等於宣告法庭的正當性已「壽終正寢」。這場大審判，激發臺灣和國際社會廣泛同情、支持被告和民主運動，為臺灣一九八〇年代末開始民主轉型帶來關鍵影響。

美麗島大審判的經驗告訴我們：面對極度不公義的政治審訊，被告要以政治抗辯為反抗的話，就要有持久的勇氣和底氣。一眾被告的個人質素固然重要，但他們更需要法庭以外的民眾持續「加持」。畢竟，這場審判不是法律技術之爭，而是支持民主運動的臺灣人與被告共同抵抗國民黨政權。姚嘉文等人的勇氣，既來自他們堅定爭取的意志和家人的鼓勵；平民百姓的支持，甚至私下扶持被告的家人，更加凝聚抗辯者的底氣。不過，我們也不能忽略公開審訊和傳媒報道兩個重要的環境因素，才令「底氣不滅，勇氣依然」。

美麗島人士和下節將提到的曼德拉，都曾面對公開政治審訊。但這些政治案，被審判的不只是這些法庭的被告；審判的還有被告象徵的抗爭運動、檢控官、法官和不公義的政權。倘若這些審判變成祕密審訊，結果是否對政權更加有利？歷史沒有如果，但從常理推斷，結果可能會更加弔詭；因為在公眾眼中，被審訊的不再包括抗爭者，而是選擇配合政權開展祕密審訊的檢控和司法人員；即使人民無法接收有關審判的資訊，但總能心領神會：祕密審訊只是政權恐懼異見者和人民的表現。

曼德拉的司法抗辯，訴說的是希望和愛

二〇二一年五月三十一日，是南非脫離英聯邦成立共和國六十週年。但自一九四八年南非政權實施種族隔離政策（apartheid），南非的「共和」理想可謂空口白話，不少白人支持南非政權和種族隔離政策，令黑人長期活在種族壓迫之

下，處處可見白人與當地非裔黑人的鬥爭。白人政權積極利用種族隔離政策和一系列法律武器來壓制非洲人的抗爭，當時曼德拉便直斥這只是一個無人想要的共和國；長期處於在南非建制之外的非洲民族議會（ANC）在建立共和的公投前早已通過一個決議，直斥沒有在南非人口占多數的非洲人民參與的憲法和政府，絕無道德正當性。

朋友推薦我一本回顧南非六十年代司法抗爭歷史的論文集《法庭作為抗爭的空間：反省瑞佛尼亞審判的遺產》，對今日局勢極有參考價值。[3]政治審判不斷，我們不妨回首歷史，看看昔日同樣面對政治暴力和司法迫害的外地民運領袖，到底如何在法庭抗爭，與及他們抗辯的意義。

種族隔離政策和非白人抗爭運動

瞭解南非的司法抗爭之前，首先要瞭解南非種族隔離政策和法律武器的背景。學界一般認為，種族隔離政策始於一九四八年，由執政的南非國民黨推動，同時開啟了連串以嚴刑峻法來打壓非白人的時代，包括在一九四九年實施《禁止混合婚姻法》、一九五〇年的《人口登記法》、《群組地區法》和《鎮壓共產主義法》等等，全面規限非白人工作和生活的空間，甚至連婚姻、教育也要和白人分而治之。非白人早在一九一二年已成立非洲民族議會，為本國黑人爭取政治地位。非洲民族議會成為反種族隔離政策的大旗手，在一九五五年發表《自由憲章》，推動一個不分種族、有共同國民身分和經濟政治平等的民主共和；又在南非各地發動罷工、杯葛、遊行抗議。一九五六年，南非政府大舉搜捕一百五十六名非洲民族議會幹部，抹黑他們全是共產主義者，意圖推翻政府，建立共產主義國家，干犯叛國罪。審判在一九五七年開始，直到一九六一年結束，最終所有人無罪釋放。

一九六〇年前的非白人抵抗運動，基本上都是以非暴力抗爭為主軸。但一九六〇年發生的一宗暴力血案，扭轉了反抗鬥爭的方向。當年三月二十一日，南非警察在夏普維爾（Sharpeville）射殺了六十九位和平示威者（一說是五十位），多達一百八十人（一說是一百六十九人）受傷。同一時間，政府宣布取締非洲民族議會和另一個非白人組織泛非主義者大會（PAC），並宣布全國進入緊急狀態，立法容許警方在無需法庭發出令狀的情況下審訊被長期羈留的被捕人士。單是一九六〇年，便有超過一萬名抗爭者被捕。夏普維爾慘案發生後，曼德拉和追隨者成立「民族之矛」（uMkhonto we Sizwe），開始尋求武力抗爭之路。一九六二年，曼德拉被當局以煽動非洲人參與罷工及試圖不帶護照出國，被判五年監禁；三年後，曼德拉再次被帶上法庭，和其餘八位非洲民族議會領導人被指控在瑞佛尼亞（Rivonia）策劃和從事破壞活動。這場審訊，正是曼德拉面對司法迫害的抗爭典範。

瑞佛尼亞審判：政權的宰制與被告的抵抗

很多人幻想法庭是一個中立、不偏不倚、尋求公義的場所，但歷史學和法律社會學的研究經常印證：所謂司法獨立、法庭中立，在理想和現實上有極大落差，多數只是迷思。前面所提到的論文集《法庭作為抗爭的空間：反省瑞佛尼亞審判的遺產》中的各篇文章，共同主題是法庭只屬於一個被權力關係主導的空間，政權透過檢察官和法官展現宰制反對勢力的壓倒性力量，並透過審訊結果和判刑，向社會大眾傳遞、鞏固一套有利政權維持統治的意識形態、道德價值和社會秩序。而司法體制的本質就是以強制的方式去維持現有的秩序。但反過來，被告的抗爭者也有能力利用法庭的結構——只要法官仍維持基本、最低限度的法治精神如程序公正等——在抗辯時反擊政權的法律與政治論述，感染公眾，為抗爭運動的長遠發展埋下思想種子。在我們批判法庭和政權是一丘之貉時，歷史告訴我們，不要忽略在其中反抗的可能。

法學家凱瑟琳．艾伯特（Catherine Albertyn）認為，以瑞佛尼亞審判作為案例的話，可以見到南非政府透過審訊，試圖將非白人的抗爭運動去脈絡化，抹黑抗爭是共產主義陣營所控制、抗爭者是一群倚靠暴力、煽動和威嚇他人的罪犯。當時是冷戰格局凌駕一切的年代，南非為前英聯邦之一員，和自由世界同氣連枝，對抗蘇聯主導的共產世界，分屬當然。因此，將政治異見者全部標籤為共產主義者，就能將他們塑造成「國家的敵人」，是賣國賊、異類，繼而將政權打壓他們的理由正當化——蘇聯控制的共產主義勢力將會破壞自由世界的和平、安全、分裂國家、發動戰亂、個人私產將不再受到保障云云。不過，最能團結白人反對非白人武裝抗爭的，自然是強調他們暴力和破壞設施的一面；加上政權將被告與愛好和平且未曾受教育的黑人區分開來，將非洲民族議會和其他體制外的非白人政黨打成一群煽惑者和威嚇者。這種分化的手段，將參與抗爭者描繪成被誤導的群眾，和被告的領袖對立起來，有效抹煞了黑人異見者和黑人對現政權不滿的正當性。

但非白人抗爭者和白人政權最根本的矛盾，始終在於種族平等的問題上。另一位學者勒曼（Peter Leman）指出，種族隔離政策之根本，在於流行於南非白人社群的阿非利卡人民族主義（Afrikaner nationalism），將在南非的白人移民後裔神話化為上帝的特選子民，在南非的文明化過程有特殊地位，藉此否定種族和族群平等的正當性。因此，反種族隔離運動的本質，就是反白人優越主義和排他的民族主義，對此政權一定要連根拔起，當維持正當性的神話幻滅，它們很難管治下去。

以曼德拉為首的九名被告，在法庭應對的方法是坦承從事軍事訓練和破壞活動，但全面否定罪行的道德責任，且利用審訊的法律空間，在法庭申述其行動的背景、動機和政治理想。綜合凱瑟琳．艾伯特和勒曼的分析，曼德拉長達四小時的法庭抗辯演辭文本，不單是以論辯來反駁對手，更是透過論述拆解白人民族主義神話，建構一個不分族群的南非公民身分神話的過程。

破舊立新，重構公民神話

曼德拉在法庭的第一步，是直接否認控罪，指出真正要受審判的是白人政權：

> 法官大人，今日在犯人欄的本來不應是我，而是政府。我不認罪。

曼德拉和同伴隨後力陳他們之所以開始考慮武力抗爭，是因為政權不斷將鎮壓升級，又收窄以法律途徑討回公義的空間，令他們不得不從理性和道德考慮出發：

我並不喜愛暴力，我是在冷靜評估政治形勢下做這計畫；幾十年來，白人暴政不斷打壓、剝削我們的子民，因南非的土地已染滿無辜者的血。長遠而言，我們感到有義務要以武力來保護自己，免於政權的武力。

勒曼分析，公開宣稱政府非法，不只是直擊政權正當性神話的要害，更加是在法庭建立另一種權威（alternative position of authority），儼如另一套法律制度的司法管轄區（the jurisdiction of an alternative system of law）。

曼德拉的第二步，就是在公開承認參與組織「民族之矛」後，直截了當否認控方說他勾結外國勢力（即共產黨）的指控，強調他的行動是出於個人、作為南非子民領袖的選擇，動機來自他在南非的親身經驗和對自己作為黑人的自豪感：

在我年輕時，我聽長輩講故事，回顧昔日我們部落的美好時光。最令我動容的，是我的祖先為了守護領土參與戰事……他們是整個非洲民族的光榮和驕傲……這正是我為何做了和這案件相關之事而被控的動機。

換句話說，曼德拉將反抗種族隔離運動與非洲民族抗爭的系譜扣連。曼德拉的論述，其實是以民族文化傳統之法來否定、抗衡白人政權之法。法國哲學家德希達（Jacques Derrida）曾形容曼德拉是一位回應呼召之法律人，他所指的「法律」，其實是非洲民族口耳相傳、使良心發聲的生活法則。這種令非白人共鳴的表述，正正令政權驚懼，因為它嘗試從根本扭轉法律的權力關係：面對國法，曼德拉搬出更源遠流長之法，為他被政權視為非法的行為賦予道德和民族正當性。

曼德拉的第三步，是扭轉政權將他們勾結共產外力、視其為異類／外人（alienation）的論述，凸顯他們的抗爭，完全是本土在地的運動（domestication）。他直截了當否認非洲民族議會和民族之矛受外國人和共產黨控制，繼而強調他在南非是享有公民權利的國民。之後，他毫不諱言，指出非洲民族議會和共產黨即使互不統屬，在不少議題亦充滿分歧，但兩者均有共同的目標，就是扳倒白人至上主義。他先力陳共產國家和非共產國家在二戰時其實曾合作對付法西斯政權的前例，再論述共產黨如何投入全球脫殖獨立運動，再以情理解說為何非洲民族議會會願意和共產黨員合作，目的是追求一個平等、民主與大同的國度：

數十年來，共產黨是唯一一個政黨會視南非黑人為人，與我們同桌共食、一同工作、生活、寓居在社群之中……因此，不少黑人會視共產主義就是自由的同義詞……

我知道對白人來說，我們要求平等政治權利可能很具革命性，因為只要有平等權利，南非黑人就會變成選民中的多數，所以白人懼怕民主。但恐懼不能成為應付種族和諧和自由的方法……基於膚色的政治分歧是人為產物，它一旦消亡，某個族群被另一族群壟斷宰制的關係也亦之消亡……這只是一場爭取生存權的鬥爭。

曼德拉的陳情絕對無助增加他脫罪的機會，相信無論是政權抑或辯護律師也會如此想。但他非如此不可，是因為他要用一個新的「大同」神話——非洲民族議會能夠與支持族群平權、反對種族主義的共產主義並肩——證明他帶領的運動，能夠團結不同政治信仰的群眾，為長期目標而努力。這個目標，是令每位南非國民——無論白人或非白人——都能和平地生活。這種聽來很「膠」的理想，其實在南非後種族隔離時代為南非社會起著相當重要的黏合作用。一九九四年，曼德拉在總統就職演說時，提出要為社會撕裂重建橋梁，重建的基礎就是來自曼德拉的大同神話：

我們進入了一個盟約。我們要重建社會，使所有南非人，包括黑人和白人，皆能挺起胸膛，邁步向前，心中無懼，肯定不可被剝奪異化的人性尊嚴。這就是一個彩虹國度，一個充滿內在和平、亦令世界有和平的國度。

最後，曼德拉的抗辯將他和一眾被告的道德地位推到高峰。他在陳辭結束前放下講稿，正視法官，庭內一片寂靜。他鏗鏘有力地說，他已準備好為追求民主和自由社會的理想戰鬥至死。事實上，他們的確可能被判死刑。但曼德拉從容不迫，令死刑和其他刑罰顯得無力，反而將曼德拉和同伴成就為殉道者。最終，他們被判終身監禁，直到一九九〇年，曼德拉方獲釋。

政權的殘酷與群眾的激情

凱瑟琳·艾伯特總結瑞佛尼亞審判一役，認為審判的結果，是當時白人政權樂見的：法官判被告無期徒刑，即時消滅了政權的政治對手、消解了他們在意識形態上對社會大眾的影響。對不少白人來說，這場判決反而體現了「公平審訊」和「司法獨立」；曼德拉一干人等之所以是罪犯，是因為他們觸犯刑事而非反政府的政治行動，白人之間對事件的討論，也只著眼在破壞行為的暴力、法律與秩序、共產主義陰謀論等等官方文宣論述。進一步而言，判決令非洲民族議會的公開形象和暴力、親共掛勾，使它更難向白人社群區別黑人運動的武力抵抗和非暴力抗爭，因為對白人來說，它們就是暴力，就是共產主義分子。加上政權在這場審訊後意識到公開審訊的政治效果，後來就以更嚴苛的法律讓被捕者毋須審訊就可被無限期拘留、縱容被告在囚室被虐待至死，有的甚至連死亡紀錄也欠奉，只剩下一具具屍體。反抗者連司法抗辯的機會也沒有，民主運動遭受大規模打壓，一蹶不振了十多二十載。

不過，如果從反抗運動的角度看，長期而言，曼德拉和同伴的政治抗辯，的確帶起一種延綿作用。在瑞佛尼亞大審期間，儘管庭外駐滿警察，亦不時有旁觀者被捕，但在判刑當日，有超過二千人塞滿法庭外的教會廣場（Church Square），舉起標語曰：

> 無論判監與否，我們都與領袖為伍（Sentence or no sentence. We stand by our leaders.）

群眾的聲援，恰好反證他們無視政權強加一眾被告的單薄犯罪標籤，是民眾對政治行動的認可，曼德拉在庭上塑造的另一套法律詮釋和願景得到確認，本地和國際支持者將被告視為懷抱公義理想的英雄。即便到後來抗爭者再無法進行政治抗辯，群眾在庭內庭外唱歌、換上民族服裝、跳民族舞、揮動旗幟，已經起到極大的抵抗作用，他們將為白人政權背書的法庭「解魅」，以南非黑人的文化抗爭剝去它的遮羞布，雖然在當時改變不了殘酷鎮壓的局面，但至少令抗爭運動未完全死亡。

反省

將美國、臺灣和南非的司法抗爭浪漫化或悲劇化，皆無助於我們深究在法庭內進行司法抗爭的本質和意義。高舉抗辯者的慷慨陳辭，可能會忽略政治審訊的結果始終有益於政權在短中期內消解反對運動以鞏固統治；但過分放大政權在法庭的影響力，只會加深支持者的無力感，或看輕了抗辯者利用法庭來抵抗霸權、連結庭外群眾的能量。以南非的司法抗爭來說，最轟動國際社會的一九六四年瑞佛尼亞審判，結果是曼德拉等一眾民運領袖被判無期徒刑，反抗運動沉寂至少十多年，到一九八〇年代方有起色，而曼德拉也要到一九九〇年才能獲釋出獄。美麗島大審判過後，也要經歷十多年時光，臺灣方有真正的民主。因此，在分析政治審訊和司法抗爭的意義時，我們的確要承認：歷史才真正有資格審判其得失，只有時間才能反映出法庭抵抗的價值。

作為香港人，面對《港區國安法》，我們當然會時常思考法庭在政治審判和司法迫害的角色。但我們也應反過來問，人在艱難的處境，究竟要如何頑抗，甚至找出破口，逆轉命運？曼德拉只有一個，不見得能夠複製，我們可以反思的，是他在法庭抗辯的精神。他並無斟酌在有無干犯刑法與否，甚至預備好捨身成仁，原因既是因為他個人的氣節，也可能是因為對當時身處南非的黑人來說，還有什麼遭遇會比當時的絕境更差？

今日的香港和一九六〇年代的南非當然是兩個時空，但當年曼德拉抗辯最有力的地方，是他的論述，表現他對南非歷史、民族和土地的愛，更給予群眾一個新的公民神話、一個有別於政權的法則和權威的基礎（alternative system of law and foundation of authority）、一個新的願景。願景代表的是希望，庭內庭外的群眾，雖然經歷了失敗，仍然會被抗辯者的歷史感和共同感所打動，看到要為什麼願景而奮鬥。是故他們一直在審訊和判刑過程在法庭內外出奇不意為被告打氣唱歌、喊口號、舉標語、跳舞等等，皆是削弱政權和法庭權威的創意抗爭。

這就是在法庭中進行政治抗辯的感染力：抗爭者的承擔與犧牲精神，以及他們在抗辯之中表達的訊息。抗辯能為聽眾帶來勇氣、智慧、生命力和愛，還是無力感、洩氣、內耗、憂愁、悲情，並沒有標準答案。我們看到的，是曼德拉的大同神話和彩虹國度理想，其實是一個個「有愛」的圖像。雖然肉麻，但很有用。

8 香港的司法抗爭：從體制內到體制外

本書即將到達尾聲，我將焦點拉回到香港的脈絡，反思在《港區國安法》通過後，香港抗爭者的司法抗爭。在二〇一四年雨傘運動後，愈來愈多香港人接觸到司法抗爭，一方面是因為政權開始動用法律與法庭作為武器，將政治反對派收監；另一方面是部分抗爭者，包括「占領中環」發起人戴耀廷、朱耀明和前立法會議員吳靄儀大律師等，在審訊時慷慨陳詞，向公眾解說公民抗命及法律的原委與意義，為香港的政治抗辯留下一篇又一篇彌足珍貴的政治演說。[1]後來的香港抗爭者，如何透過論述和行動在法庭內抵抗威權法治的壓迫？本章以抗爭者鄒幸彤及何桂藍為案例，分析二人在法庭進行出格司法抗爭的動力和進路。接著，我會進一步探討司法抗爭背後隱含的張力，即在威權體制及其司法迫害之下，法律人如何在保持專業倫理的同時，發揮反威權的政治能量。最後，我會延伸討論香港的司法抗爭，能否為香港社會帶來修復正義。

實踐司法抗爭：鄒幸彤與何桂藍的經驗

二〇二〇年七月後，香港在《港區國安法》建立的新體制和定義含混的新罪行下，異議人士先後被捕、還押；不少在群眾抗爭前沿的公民團體相繼解散；新聞媒體及出版界、專業人士界別如社會工作者、律師、醫護人員，以至教育界，亦厲行自我審查，甚至要配合政府，在社會各層面推行高舉政權安全的國安教育。在這種環境下，香港在二〇一九年的反修例運動既不復在，昔日免於恐懼、暢所欲言的多元公共空間也逐漸消失。

也許香港境外的一些媒體或評論，會認為中共能利用《港區國安法》全面控制香港社會，加上二〇二一年開始的新選舉制度排除大多數反對派參與行政長官選舉、立法會選舉以至地方性質的區議會選舉，使中共控制的「愛國者」完全掌握政治體制和資源；也因此，不少包括臺灣在內的境外評論，對於香港命運似乎已間接發出死亡證。

抱持這種觀點的人，可能只宏觀地著眼在政治和法律體制造成的結構性壓迫和暴力，但忽略了在這種不利的結構下，香港人仍然在僅有的空間負隅頑抗；甚至在「擦邊球」式的抗爭以外，直接挑戰政權不合理的體制和法律。異議人士在香港法庭的抗爭，正好是個例子。當中，尤以兩位女性抗爭者鄒幸彤和何桂藍為佼佼者。

鄒幸彤，香港市民支援愛國民主運動聯合會（支聯會）副主席，本來是劍橋大學物理系博士生，受到汶川大地震的衝擊，轉念委身中國民主和人權，投身香港法律界，成為大律師，多年來在香港參與對中國的維權運動。在二〇二〇年，當警方反對支聯會在香港舉辦悼念「六四」的燭光晚會後，她堅持六月四日如常到維多利亞公園，和其他支聯會成員高舉燭光，繼而被控煽惑及參與未經批准集結而被定罪，判監一年；二〇二一年，香港警察再次反對「六四晚會」，鄒在六月四日被捕，後來被控煽惑他人明知而參與未經批准集結。由於她拒絕向警方國安處提交支聯會的資料而被起訴，同時被加控《港區國安法》的「煽動顛覆國家政權罪」，案件至今開審無期。

至於何桂藍，她是《立場新聞》前記者，在反修例運動前，曾到烏克蘭採訪，深入報導當地民眾的抗爭歷程。在反修例運動爆發後，她全程投入報導，甚至在「七二一白衣人襲擊事件」採訪過程中被白衣人毆打。之後，她決定以素人身分投身政治，在二〇二〇年參與民主派的立法會「初選」，高票贏得出選資格；亦因她參與了這場被北京定性為意圖「奪權」的活動，翌年香港警方國安處以「顛覆國家政權」拘捕和起訴她，還押至今超過兩年半，審訊期可能在二〇二四年結束。同時，她和鄒幸彤一樣，也因為參與二〇二〇年六月四日晚上在維園的「未經批准集結」而被定罪，判監六個月。

鄒、藍兩人目前仍然要面對《港區國安法》案件的刑事審訊。既然這些案件尚未了結、甚至仍未開審，我僅能就針對鄒、藍兩人過去發表的公開文章和已完成原審的刑事案件進行分析。由於她們兩人的觀察及分析，和香港傳統法律菁英的觀點實在是大相徑庭，我感到在此時此刻，很值得去理解與反思她倆各自對香港法庭和法律的見解，以補足香港人在後國安法年代負隅頑抗的故事。

從鄒幸彤「抗爭七步殺」的觀點看

鄒幸彤在二〇二一年被撤保釋後一日，各網媒先後發表她早已準備好的一篇文章：〈「只談法治，不談政治」的抗爭七步殺——香港法治迷思與司法抗爭評議〉，[2]內容對香港法治神話和司法迫害兩大爭議觀察入微，值得我們細味和反省。

鄒幸彤文章開首，便點出香港社會的法治想像和法律本質之間的矛盾。她認為香港人對法庭、法官、法律人以至法治抱有「近乎宗教性的信仰」，但事實上，法律和法律制度本身，「從來就反映權力的意志」；法律條文也可能是統治者的武器而已。她以《港區國安法》為例，認為該法利用了香港普通法的程序和仍有點公正形象的法庭，「賦予執法者、檢控者近乎無上的權力和正當性」；法庭也要不斷透過《港區國安法》生產判例和判詞，形容這是「歪理說直」。她所說的「歪理說直」，也許是指法庭透過不同的技術理由或不符現代國際人權標準的判例，去正當化有違人權保障的裁決。

《港區國安法》的問題，坊間學者和我在本書也先後評議，在此不贅。但鄒文的重點在於，既然法律的本質不能離開政治權力，那麼「模糊籠統地談『堅守法治』『法律與政治區隔』，尤其是強調處理政治檢控的『法律專業性』，無疑是裝睡之舉，更是消極地附和了政權，助長『依法暴政』」。

所謂「法律專業性」，鄒幸彤的意思可能是，在政府檢控、回應檢控的語言，往往被法律專業人士和法律技術的語言所壟斷，在公共討論裡以政治角度分析法律問題和司法程序的重要性被排除，掩蓋了法律、法庭、檢控、甚至法官也不能避免地政治操作和權力關係問題。

鄒幸彤繼而扣問讀者，是否理解政權將政治問題法律化的效果，並反思自己採取的立場、回應，「究竟是在助長政權控制社會，還是在抵抗權力的政治操控？」她先分析中國大陸以法治人的政法環境（在大陸，司法為黨領導，是政法一體的模式）作為比較案例，指出國內的「顛覆國家政權罪」、「指定居所監視居住」、「尋釁滋事罪」和「聚眾擾亂公共場所秩序」、經濟犯罪甚至消防法規，皆是用來滋擾、拘捕、監禁異見人士和抗爭者的法律武器；至於規管日常社會運作如社會信用系統和監控公民社會組織的手段，也是透過法規文件實現。凡堅持抵抗者，如中國大陸少數的人權律師，結果往往是被吊銷執業照、律師事務所也被勒令除牌。

鄒幸彤斷言，上述一套政治問題法律化的策略，已複製到了香港。她概括了《港區國安法》施行後的香港，無論是政治異見人士、民間眾籌、傳媒工作、時事評論、教育專業、電影工業、政治選舉，甚至與外國領事交流，統統可成為涉嫌犯法的理由。她點出當權者的目的，「不外乎消耗其資源、噤聲、分化、汙名化、消滅生存空間，同時建立自身論述、合理化自己的行為」，繼而條分理析，列出政權透過法律來對付異見人士的「抗爭七步殺」：

1. 利用法律的正當性（legitimacy）將政治打壓合理化
2. 利用法律程序的長週期將事件冷卻，消聲

3. 利用法律的語言重新包裝及論述社會事件或運動
4. 利用法律程序消耗民間資源
5. 利用法律的專業性隔絕公共討論及個人參與
6. 利用專注個體的法律程序瓦解運動的集體性
7. 利用法律的制度性使異見者無法在公共空間中生存

上述七點，鄒幸彤在文章逐一解釋，讀者不妨自行參詳。這套「抗爭七步殺」能在香港大行其道，除了來自沒有民主制度約束下，當權者權力膨脹的結果外，也要有一定的文化和意識形態土壤讓這些殺著得以在司法系統生根。

第一種土壤，就是鄒幸彤文首所指出的法治神話，甚至可以說是一種法律宗教化的文化。由於英人在地緣政治考慮下一直拒絕在港實施民主，唯有以強調工具理性而非價值理性作為改善吏治的意識形態，政府就將自命中立的法治和司法獨立作為香港面向國際的牌匾，港人亦因這塊金漆招牌帶來的經濟進帳及文明形象而自豪。因此，當政權利用「被神話」的法律和司法體系去對付異見分子時，就能以「事件已進入法律程序」、「檢控是專業判斷」等花言巧語，迴避司法迫害的政治本質，社會輿論也礙於法庭和法律程序高度專業化、去政治化的形象而難以更深刻地直斥其非。

第二種土壤，就是對「專業」的迷思。香港社會發展以來，往往視擁有專業為人生事業、富裕生活的階梯，只著眼專業的技藝，忽略專業本身是被社會信託、可以壟斷某種社會分工的一群人，有其利他主義和促進公益的向度。如果真的要強調專業，首先應強調專業人士本身也是要講公民德性和公共價值的公民。這一點我將在後面詳述。

「不按牌理出牌」的抗爭主旋律

鄒幸彤與何桂藍在法庭面對的最大挑戰，就是政權和法院均將政治審訊包裝為平常的刑事案，刻意強調處理國安案件是依法辦事，不涉政治；但《港區國安法》的罪行本身就是典型的政治罪行，如以言入罪的煽動分裂、以中共「反革命罪」為藍本的「顛覆國家政權罪」等等。檢控方運用冗長的行政程序和預備文件的過程，拉長國安案件的候訊時間，不少被告亦因不獲保釋而長期處於未審先囚的狀態，但檢控和法庭卻強調這些只是行政和技術安排，意圖為此等政治審訊降溫，削弱公眾對案件的關注和熱情，隱去這種以審訊行政與程序包裝、但實質上是打壓表達自由與政治參與自由的政治檢控手段。

鄒、何二人的抗爭，用一句話總括，就是「不按牌理出牌」。此處的「牌理」，不單是指法庭的法律程序規範，也指涉刑事審訊的「潛規則」。所謂潛規則，第一是被告安排律師抗辯；由於被告是律師的客戶，就專業上來說，律師會以被告的最大利益為依歸，多數會以被告能脫罪為基礎，或者盡量減輕被告被定罪帶來的刑責。因為，當案情不利被告，其中一個保障客戶利益的方法，就是建議認罪或當控方證人（俗稱汙點證人），換取減刑。另一套潛規則，就是請被告少說話，因為律師畢竟較為熟悉法庭程序及法律技術的操作，所以當事人盡量在法庭噤聲，就如本身是刑事案律師的鄒幸彤在〈抗爭七步殺〉一文所說，「在刑事案件中，舉證責任在於控方，因此對於不少案件的辯方而言，最優辯護策略就是少說話、不說話，不提供線索，等控方找不到足夠證據」。只要不節外生枝，循規導矩，也許可以減低法官的不滿，得到合理預期的結果。

但鄒、何二人「不按牌理出牌」，正是反其道而行。她們深知一旦跟隨既有的遊戲規則，她們案件的政治本質就會被隱沒了；法庭和政府也可以堂而皇之，以依法行政和司法獨立為擋箭牌，將司法迫害包裝成一宗又一宗個別的刑事案，消解抗爭者的集體意志和動員力量（持續關注，甚至到法庭旁聽審訊，也是動員的一環）。因此，鄒、何二人在還押期間，多次透過獄中手記，向公眾闡述其司法抗爭的意識、論述和盤算；她們站在法庭，也打破常規，抗議法律制度以至法官的正當性，積極運用其法律權利，持續向法院申請保釋，並挑戰禁止傳媒報導保釋的決定；即使無法改變結果，其過程亦示範了何謂司法抗爭。

政治視野高度的意識抗爭

抗爭行動需要有理論支撐；但建立理論的前提，是先具備有抗爭的意識。在這點上，鄒、何兩人在庭外的文章，就展現了高於刑事審訊和司法制度的政治視野，培養讀者面對法庭審訊的政治意識。前面所提到鄒幸彤的〈抗爭七步殺〉一文，就是一個顯例。

至於何桂藍，她亦提出了和鄒幸彤相近的觀點。在她〈當司法淪為政治壓迫的儀式，反抗是否仍然可能？〉一文中，她力陳「當政權不斷將政治問題推向法院，無論政權如何強調只是『有法必依』，法官又如何重申『只處理法律問題』，在現實中，法院根本不可能再『超然政治之上』」。[3]她引述同在獄中的戴耀廷教授的分析：「只是僵化地引用法律條文，不看法律條文及裁決是否符合法治精神，本身就是一個政治決定」；畢竟，「法院本就沒有遺世獨立，也沒有條件在政權催逼下仍然作為『公義最後防線』，而是必然被嵌入壓迫系統」。在這套威權政體下的司法文化，政權可藉法院的判決，「為政治打壓正名，同時以『自主』、『專業』、『權威』之名，以『捍衛司法獨立』為由，神化法官及其裁決，壓制質疑聲音。」

鄒何二人對香港司法制度的批判，旨在喚醒讀者再思：「司法獨立」和「法治」等在香港流行多年的「神話」，在威權統治下，只是政治迫害的遮羞布。何桂藍認為，「如果我們不再將司法機關視為獨立於威權體制之外，尋求公正判決的場所，而正視其為威權政體組成部分的本質，那麼，法院與審訊就不再僅僅是政權與反抗之間的仲裁者，而是壓制反抗的工具，也是爭取自由的人必須思考如何反抗的對象本身」；至於鄒幸彤，她直呼公眾不可以「假裝看不見政治權力對司法體系的滲透，順從地做法律系統的螺絲釘，順着權力對『法律』的解讀去調整自己的行為、調整自己的意見，繼續扮演『守法良民』、『專業人士』甚至『制度捍衛者』的角色」，否則這只是讓「法治」一詞淪為「空洞的統治口號的幫凶」。

抵抗法庭敍事的論述抗爭

鄒何兩人都觀察到，司法迫害之一，是藉法庭的權威，對政治事件定性，鞏固官方的詮釋，將政治運動簡化為個人的決定與行為，忽略宏觀的政治社會脈絡。正如前述，在法庭審訊的潛規則，就是當事人盡量少說話，讓控方全盤負責舉證。但鄒幸彤認為，「從社會運動的角度，一旦放棄發聲和論述，一旦被告的政治人物閃爍其詞，就已經輸了一大半。」何桂藍亦認為，「一場審訊所影響的，遠不只是一個抗爭者個體的命運，關鍵政治案件尤其——營造恐懼與不確定，消耗民間社會，建構政權要的敘事，改寫集體記憶，徹底改造一個社會的政治空間，才是威權下政治審訊的作用。」

最明顯的例子，就是鄒幸彤和其他支聯會骨幹成員，被控「煽動顛覆國家政權罪」。香港社會三十多年來紀念六四死難者，是視他們為和平示威、手無寸鐵的青年學子和平民百姓，死於官方的冷酷無情鎮壓工具。八九民運，對不少民眾以至學者而言，是一場始於反腐敗、反官倒（反對官方倒賣民生物資予黃牛以套利）、繼而以爭取國家民主化的群眾運動。但在該案中，香港警務處國家安全處提交的文件，則指一九八九年六四「天安門事件」是「一場意圖推翻中國共產黨領導和顛覆社會主義的中華人民共和國的反革命暴亂」。[4]事實上，法庭在三宗已審結的國安案件，以及反對《港區國安法》被告獲得保釋的理由，均對檢控方的敘事幾近全然接納。法庭如果依然故我，將來全然採納國安處和檢控方對六四事件的定性，就進一步應驗鄒何二人的憂慮。

鄒何兩人的選擇，就是積極抗辯，抗衡警、檢、法三方對政治運動及事件的敘事。以二〇二〇年六四未經批准集結案為例，何桂藍在抗辯時堅持描述當晚維園的集會是「無大台」（英文即是去中心化），並非玩弄文字遊戲，而是要強調當晚民眾在維園的行動皆出於個人自發，用來抗衡控方和法官堅持當晚是一個未經批准的「集結」，從而正當化選擇性檢控個別抗爭者和社會有知名度的人士。何抗辯的核心，就是她當晚在維園，並非為了悼念，而是反抗警方對港人的恐嚇，並測試香港與中國大陸之別。至於二〇二〇年在維園發生的事件，與過去三十年的六四晚會完全不同，是反修例運動「去中心化」和「無大台」的延伸，香港人因而在二〇二〇 年六四晚會各自行事，並不一定是悼念六四。既然是「無大台」，各人做各的事，又何來一場既定但未經警方批准的集結事件呢？[5] 鄒幸彤同樣指出，她不同意與其他手持港獨旗幟的人參與的是同一集會；當晚不少人在維園，是百花齊放，沒有大台。儘管法官胡雅文對控方證據照單全收，完全不接納兩人的抗辯，但其理由已反映法庭對當晚事件的理解，落後於自反修例運動以來的社會動態。

鄒幸彤在該案被定罪後以英文陳情道，該次審訊並非針對她本人，而是針對支聯會過去三十一年，悼念六四的傳統；受良知驅使的人不會被牢獄嚇怕，「當集體行動受到譴責，對個人的憐憫只是一場鬧劇」。[6]何桂藍則以一段陳情作結：「無論用咩法律言辭堆砌都好，今日對我嘅判刑，都係對每一個喺二〇二〇年六月四日維園出現過嘅香港人嘅判刑（無論用什麼法律言辭堆砌也好，今日對我的判刑，都是對每一個在二〇二〇年六月四日維園出現過的香港人的判刑）。」[7]她們的陳情或者更刺激法官以重刑回應；但她們旨在用盡最後一分力，扭轉法庭將刑事化集體悼念六四矮化為個人犯罪的標籤。

結合前兩章有關臺灣、南非和以色列司法抗爭的討論，可總結出：面對極不公義的政治審訊，持之以恆地在法庭創造政治論述的空間、在公開的抗辯中展現道德勇氣，除了能將法官迫向道德的牆角，要為自己的裁決負上公眾和歷史責任外，也在保持政治審訊的透明度，因為在抗辯過程，除非完全閉門審訊，否則證據、理據和被告抗辯的表現放諸陽光底下，亦是維繫群眾持續關注案件、保持溫度之舉。

鄒、何兩人的司法抗爭，從意識及論述著手，本來就是奇葩。畢竟，每位政治犯的心理質素、政治閱歷和機會成本（如家庭、財政）各有不同，應對審訊自然選擇不一。我探討鄒、何兩人的抗爭意識和論述，亦非要和他人比較，只是她倆本身面對威權政府的經歷和洞察，以及對承受抗爭代價的能力，或多或少也造就了她倆打破常規的「不智之舉」。

國際媒體關於《港區國安法》和政治審訊的焦點，多放在黎智英、黃之鋒或其他多年參與香港民運的抗爭者身上。鄒、何二人在法庭內的抗辯及抗爭，雖在香港本地受到大眾關注，但在國際輿論上，卻往往被忽略，殊為可惜。可惜的原因，並非因為鄒、何二人的名氣，而是她們面對政治審訊所採取的策略，對理解將來《港區國安法》案件的審訊張力，有重要的參考意義。

威權法治下，香港法律專業的危與機

兩位司法抗爭者鄒幸彤和何桂藍不時透過社交平臺或獲得海外人權獎項的感

言，發表她們對法律專業如何面對威權政府的看法。她們同樣憂慮香港的法律從業員——包括法官和律師們——面對威權，只會繼續「裝睡」，著眼在法律的技術細節，迴避整個司法制度已不再公正的問題；她們更擔心法律界會成為政權的幫凶，繼續宣揚香港有「法治」這個「空洞的統治口號」（何桂藍語）。

曾在香港大學教法律的法學泰斗佳日思（Yash Ghai），於一九八〇年代末編輯了一冊探討第三世界國家法律發展的讀本。他在讀本中分析，儘管法律從業員往往被視為法治精神和客戶利益的信託人，但從歷史上可見，律師和法庭也曾促使政權壓迫人民的權力制度化，造就世界各地的殖民統治。[8]法官也是法律專業的一分子，他們如何詮釋案情、法律和判刑，當然也會決定法律的功能是用來維護人權，抑或只是保護政權。

在《港區國安法》施行後的威權管治下，我們應如何看待法律人的「恪守專業」？或者，講得更清楚些，當我們一直崇尚「專業」、提倡緊守「專業倫理」、「專業精神」時，我們其實在說什麼？

「專業」與政治的張力，在香港愈來愈常見。二〇二〇年《港區國安法》實施後不久，香港就有多宗事件，反映政權樂於利用「專業」的套語來落實其政治目的：

1.有線電視新聞部大裁員，將負責偵查調查報道的《新聞刺針》全組解僱，引起新聞部多位主管、港聞組記者和「中國組」全組請辭以示不滿。之後，其新聞部主管們發聲明表示此後兩年不再「炒人」，希望員工「謹守崗位，發揮新聞工作者的專業精神」；

2.教育局向全港中小學發通函，要求加入「守法」和「同理心」為對學生首要培育的「正確」價值觀和態度，並將「舉辦專業發展課程」，幫助教師掌握規劃「守法」和「同理心」教育的技巧；

3.裁判官針對林朗彥、周庭、黃之鋒在二〇一九年包圍警總的未經批准集結，判刑七至十三．五個月，且不准保釋；壹傳媒集團黎智英因詐騙罪被起訴，裁判官拒絕其保釋申請，繼續面對未審先囚。黎智英涉及的勾結外國勢力案件，在黎氏身在囹圄超過三年後才開審，儘管黎氏在還柙期間因其他控罪而被判監，但他因失去法庭保釋而長期被剝奪人身自由，是不爭的事實。這兩宗案件的當事人保釋被拒後，引來輿論質疑法官理據和做法是否合理和合乎比例。律政司就頻頻發出聲明，指檢控工作不受任何干涉云云。二〇二〇至二〇二三年間，至少有一百零四名《港區國安法》被告曾被拒保釋，或在獲得保釋後因種種原因而被撤銷保釋，令政治案件未審先囚，成為刑事案件的新常態。[9]

專業人士和界別，不只是指涉從事需要某種專門技術或專門知識的行業中人；某行業所以成為一門專業而非一般職業，是出於某行業得到公權力的支持，設定一系列的規範準則去界定行業的知識、操守，演變成一套認證和發牌（執照）制度，「得認證者得專業」。

有公權力認證、授權行業公會發牌和監管操守的好處，一方面是增加行業的公信力，另一方面保障行業嚴格篩選有志從業者，達到藉著控制配額從而管理質量的壟斷效果。不過，沒有專業資格的，不等於不是專業，可能只是未有公權力以法律認可而已。例如記者在香港沒有官方發牌制度，但從事新聞工作，亦要具備一定程度的專門知識和技能。

專業可以由公會自主規管，也可以由政府直接管理。以教育界為例，儘管要成為香港教育界的一員，有高等教育頒發的教育文憑課程和職工會（例如教協）的認證、教育人員專業操守議會制訂的教師操守準則把關；但能操控教師專業資格生死的，始終來自控制註冊的政權。《教育條例》第四十七條賦予政府權力，可以透過教育局常任祕書長「覺得該教員不稱職」、覺得該教員做出的任何行為「足以構成專業上的失當」或「不利於維持該教員任教的學校的良好秩序及紀律」，從而取消任何教員的註冊。這就表示，當政權「覺得」你不專業，你就可能會失去專業資格。

政權對專業最重要的影響，和立法會功能界別和選舉委員會有關。在民主社會，專業團體的角色是輔助政府制訂政策，但真正有權決策的，是民眾授權的政府。民眾透過選舉，有最終的話事權。民主政制的設計，令民眾的政治權力盡量平等。但在香港，掌有公權認證的專業知識和技能者，直接享有「超然」的選舉權和否決權。制度邏輯決定制度參與者的行為，專業界別和公會，以及和政權之間，難免會出現政治競爭，以增加各方在立法會和有權選舉特首的選委會的選舉籌碼；政權也有更大的誘因，以高壓或籠絡的手法直接或間接控制專業界別。在二〇一四年雨傘運動後，支持民主普選的專業團體紛紛湧現發聲；在二〇一六年的選委會選舉，民主派在不少經個人票選出的專業界別大勝，觸動中共神經，為二〇二一年選舉大改制埋下伏線，這就是一個專業界別和政權競爭權力的例子。

政權統戰專業界別

政權籠絡專業的手法，可以是透過協作式政策法律，進一步保障行業壟斷，也可以是開放內地市場，讓不同行家和老闆分一杯羹，從而進行自我審查——即使要放棄一些本來的操守習慣。這種手法對自主規管的專業界別尤其有效，政權毋須積極干預其運作，但由於專業始終是一種職業，最後都要面對「搵食」（賺錢）的課題，故政權的經濟操作往往是間接控制專業的良方。[10]

至於高壓手段，就是直接改造專業論述，以及直接控制專業發牌，例如早前有關由政權發出記者證的爭議，以及教育局常祕直接取消教師註冊的做法，就是沒有專業認證的公權力，操控專業發牌的例子。二〇二一年香港政府官員公開「勸告」事務律師要在律師會理事選舉謹慎投票，背後就是暗示政府隨時會因律師會「反動」而收回律師會自行規管律師及發牌的權力。其後，香港政府改革會計師公會的組成辦法，亦是控制專業界別的方法之一。

最難應付的，是政權直接改造專業論述、重新定義專業。最近兩位學者羅倫斯．劉（Lawrence J. Liu）和瑞秋．斯特恩（Rachel E. Stern）在學術期刊《中國季刊》（*The China Quarterly*）發表論文，探討中國大陸一班與政權為伍的律師（state-adjacent lawyers），如何發揮專業為政權服務。[11] 兩位學者集中研究近年獲得由全國律師協會頒發的「全國優秀律師獎」得主，認為後者正是受政權青睞的一群專業菁英，他們獲獎原因包括「政治素質過硬」、「職業操守優異」、「工作業績突出」等等。這群受寵的專業人士之所以是「優秀的律師」，就是因為在政權眼中，他們的政治成分夠好。他們負起作為政權與人民橋梁的買辦角色，強調要和政權合作或妥協，同時又批評維權律師行為「非法」、「過激」、「不理性」、有「破壞性」等等。眾所周知，在內地要從事法律專業，不只如其他國家般要宣誓效忠憲法，更需要擁護中國共產黨的領導；律師的牌照，也是每年由政權控制的律師協會做覆檢，其實就是變相的定期審查，但這就是中國律師要信守的「專業倫理」和得到「專業資格」的基礎。所謂專業倫理，到底應由誰定義，實在值得深思。

專業自主、專業價值過去之所以地位超然，多數是因為它們往往是常人趨之若鶩、爭取向上流動的人生目標。所以，當談及專業利益，自然只聯想到從事專業的經濟利益；該門行業是否維護公眾利益、能否自主定義公眾利益，往往乏人討論。但前文提到有關不同專業界別的事件，正好可以以此扣問何謂專業精神。例如有線記者集體辭職一事，有人可以批評辭職者「不恪守崗位」、「不夠專業」；但如果辭職記者們認為其工作空間再難以發揮傳媒監察政府的「第四權」，為了保持新聞工作者獨立自主的身分而不惜離開原有崗位，其做法甚至帶有「齊上齊落」的俠義精神和抗爭意識，那麼，「遠離政治、專注技藝」和出於保護專業身分和價值信念而抗爭，兩者誰更表現出「專業」的價值？

說到底，所謂專業倫理或專業精神，背後需要有一套相應的政治價值支撐。

比如信守傳媒是三權以外的「第四權」，即有權監察政府；肯定法治不只是重守法；同理心不等於縱容當權者打壓人權；信守司法制衡行政和立法的權力等等，其信念就是源於堅持自由和民主是根本價值，肯定人非禽獸，是自由平等、各有個性的公民。沒有民主自由，專業倫理的話語權就會被威權壟斷，專業精神也只會停滯在技藝精湛，甚至倒退到政權為先的層次。二〇一四年的白皮書[12]要求法官愛國、維護國家安全和發展利益，正是威權為控制香港專業而打響的「司法改革第一槍」。

香港法律界怎麼辦？

那香港的法律專業可以怎麼辦？當法庭被政權和法律專業人員——包括法官、檢控、辯護律師——所凌駕，審訊過程往往只會聚焦在被告要面對什麼個人法律後果，或只是控辯雙方在法律知識、技藝的較勁，或法官如何依法駁論定罪等等。公眾輿論對案件的視野，可能只會著眼於有無精采的法律辯論、誰能「技術性擊倒」對方；或者只關心最終法庭會判處被告什麼刑罰云云。

辯護律師在庭上抗辯，當然應以「利他」——客戶的最大利益——為依歸，所以一般而言，被告愈少發言，辯護律師全權操刀，就能確保抗辯的穩定性。不過用大我的角度看，被告人親自陳情駁法，甚至直指司法系統的政治本質，推動公共討論、鞏固法治的普世標準，亦是一種「利他」的行動。自二〇一九年戴耀廷在「雨傘運動」的公民抗命案件中親自陳詞開始，被告者陸續發現法庭抗辯陳情的對象，不只是法官，也對社會大眾有啟蒙的作用。

要掙脫專業迷思，就要堅守專業。此說是否矛盾？非也。我們要堅守的是專業之於社會的「利他」一面，不以專業的「利己」面向——收入、社會地位、人際網絡、政權垂青等考慮為先。

上一節提到的鄒幸彤，本身就是大律師。她作為法律專業一員，在〈抗爭七步殺〉一文力陳，要應對政權將政治問題法律化，或者有人會寧願避其鋒芒，在政治審訊中不浪費資源爭拗，消極地回應政權的司法迫害、甚至選擇配合，換取減刑空間；也有人會選擇直斥其非，點出法律和法治精神及內涵應以普世標準為依歸，並非當權者說了算。但鄒幸彤認為最不可取的，是法律人「假裝看不見政治權力對司法體系的滲透，順從地做法律系統的螺絲釘，順着權力對『法律』的解讀去調整自己的行為、調整自己的意見，繼續扮演『守法良民』『專業人士』甚至『制度捍衛者』的角色，因為這等於「讓『法治』一詞變為空洞的統治口號的幫凶」。她的微言大義，實在值得我們深思。

司法抗爭與修復正義

司法抗爭背後的一個重要元素，是責任。抗爭者透過政治陳辭，提醒公眾政治審訊和司法迫害之所以發生，責任誰屬；同時，人權律師以至法官運用體制資源推動人權、抗爭者在體制內出格抗爭，並非「公器私用」，反而是為社會進步和社會公義負責。司法系統有賴公共資源維持，一個公正、獨立和保障人性尊嚴的法院，靠的不只是硬件，也要靠持份者努力維持法院的軟件，即促使法院實現其精神價值——人權、民主、法治、自由、公義。

但法律和法庭所能帶來的公義，不只是賞善罰惡、儆惡懲奸、還公道於民而已。司法抗爭的最終目的，是要當權者為政治不公義負責，為社會的不公義制度帶來改變，最終還是希望建設一個值得人人共同生活的社群。

社群關係不只講求「義」，也講求「愛」。上一章中所提到曼德拉在法庭抗辯時訴說的是希望和愛，是顛覆法庭之舉；同樣，在政治衝突過後，透過司法抗爭在法庭爭取的也不應只是公義，也應促進修和，互相寬恕，修復人與人之間的關係，以建設「修復式正義」。

特赦罪犯和重建法治

哈佛大學法學院教授瑪莎．米諾（Martha Minow）於二〇一九年出版了一本關於寬恕和公義的著作《法律何時該寬恕？》（*When Should Law Forgive?*），探討在法律體制下推動寬恕犯罪者的條件、利弊和界限。[13]她指出法律體制既可以容許司法人員行使酌情權，對犯罪者不予起訴或減刑、賦權行政當局特赦，或立法規定被告罪名成立後必須公開表達悔意、向受害者或其家屬道歉。

在法律體制內尋求寬恕，是邀請司法制度將刑事案的焦點，由檢控或被告一方，擴展到受害者身上，關顧他們的經歷、需要和身心健康。透過制度建立願意放下對加害者的合理不滿和怨恨的寬恕之能力，是推動修復正義（restorative justice）、令社會中的民眾有能力和條件展望將來的初階段。

值得一提的，是瑪莎．米諾認為，政府以特赦寬恕罪犯，倘若運用得宜，其實能促進法治。表面上，行政當局特赦已在法庭被判有罪的犯人，是和法治相違，甚至變相鼓勵人犯法；但特赦的意義，可以反過來是重建公眾對司法制度的信心，尤其是對那些視法律制度不公不義的人來說，特赦表現出的是：體制不是只有嚴刑峻法，還有彰顯恕道與和好的功能。

比如在民主社會裡的公民抗命，人民犯法其實是製造出空間以制衡有問題甚至不正義的政治和法律制度，引起公眾、法庭和立法者關注不公義。瑪莎．米諾力陳，政府或法官運用權力寬恕這類犯法行為，可以表達他們也認同法律本身潛在的問題，審視和停止這些不義的法律與程序；若行政機關決定特赦，也能制衡過分狂熱和充滿偏見、誓要置被告於「死地」的檢控官，和避免犯人承受過分嚴苛的刑罰。

特赦囚犯與促進公義之間的張力

但行政首長特赦囚犯，也可能破壞法治，關鍵是特赦的對象和牽涉的犯罪本質。瑪莎．米諾引特朗普（臺譯川普，Donald Trump），當美國總統時的特赦為例，他向亞利桑那州一名治安官阿爾帕約（Joe Arpaio）予以上任後第一道特赦令，引來大量異議，原因包括阿爾帕約本來是特朗普競選總統的支持者，特赦猶如私相授受。但更嚴重的問題，在於阿爾帕約之所以成為犯人，是因為他在轄區內多次違憲濫權，以「非法移民」之名拘捕不少拉美裔人士，更無視法庭要求他改弦更張的命令，依然故我，終被宣判藐視法庭。特朗普特赦之舉等於攻擊法庭的決定，並間接肯定阿爾帕約的反移民行徑。

不過瑪莎．米諾重申，即使特赦有機會被濫用，也不應否定透過法律制度締造寬恕的機會。畢竟，特赦和寬免不應用於嚴重藐視法治的案件，也不應用來饒過侵犯人權的政府官員。而且，特赦的對象，並不適用在干犯反人類罪行或大型的不正義行為的人身上；法律或修復正義的體制，也不可強制受害者寬恕犯人。一九九四年盧旺達大屠殺後，國家政策、教會以至非政府組織皆向受害人施壓去寬恕殺人者，反而引起受害群眾的激烈反抗，加上有些參與種族屠殺者不願意真心尋求原諒，更令受害者承受「二次傷害」。

政治審訊下，誰是加害者和受害者？

《港區國安法》通過後，合法悼念一九八九年的六四天安門鎮壓已不可能。但香港人仍然不忘六四悲劇，在不少有香港人聚居的地方，燭光仍然傳遍萬家。

香港人仍然對八九民運的結局感到悲痛，是因為香港人當年在香港發起百萬人大遊行、出錢出力聲援學運、拯救流亡人士，連結了香港人和北京民運的政治情感。翻看當年香港的電視節目和紀錄片，港人傷心流涕，對政治領導人由期望變成絕望，遂更強化實現民主的訴求。六四慘案，更是香港人在主權移交前的一次重大的集體政治創傷（trauma），它之所以難以復元，是因為這樣的創傷在一九九七年後仍沒有間斷。

例如，二〇一二年大陸工運人士李旺陽疑似「被自殺」的冤案，觸發香港人的義憤，又因李旺陽對訪問他的香港媒體敢言，最終致死，而有痛疚；二〇一四年中共正式拒絕香港可以免於提名委員會篩選而普選行政長官，令香港人追求普及平等選舉的願望幻滅；後來雨傘運動在無法動搖政權意志之下結束，亦再一次刺激香港人面對政權，感到被騙、出賣、失望和無力的創傷。到二〇一九年爆發的反修例運動，雖然人民成功阻擋《逃犯條例》修訂通過，但六個多月的抗爭，香港人所瞥見的抗爭者自殺事件、示威現場的血與淚、被捕示威者的苦痛，又怎不令人揪心難過？到二〇二〇年，北京通過《港版國安法》，整肅反對派和公民社會，又怎不會是更大的打擊和政治創傷？

香港人並非期望政府純粹寬恕和特赦被告在囚的反修例示威者；社會主流輿論要求的是徹查真相，要政府和犯法的執法者承認責任、承受刑責、尋求原諒、改革制度，這正是五大訴求[14]的出發點。運動期間，一些有心人嘗試以「修補撕裂」、「社會復和」（reconciliation）甚至「雙方停火」等論述，嘗試化解困局。這些論述表面上當然很順耳，但現實是政權倒行逆施，以嚴刑峻法和震懾手段來阻止大眾追求真相與修和之路。

修復正義的一個重要意義，是要讓加害者與受害人重新融入社會，但強迫寬恕、強迫放下過去的創傷，只會帶來為社會帶來更大的撕裂。可悲的是，三十多年來，有些人經常叫香港人「放低（下）包袱」、「向前看」、「歷史自有公論」，忘記了六四受害者的家屬，不少仍然活生生地承受着失去親人、不知真相的痛苦。由反修例運動走到《港區國安法》通過後的香港，政權拒絕調查警察在示威期間廣受質疑的執法真相、積極打擊尋求真相之人；親建制人士也叫香港「再出發」、「放眼大灣區」，甚至鼓勵反對派未來要積極參選，不然搞政黨還有何意義云云，等於強迫人去接受對方製造的傷害，停止求真尋真，活得虛偽得體就好。一日不能追究責任，就等於間接特赦濫權犯法的公僕。這絕非修復正義，只是一塊又一塊修補政權過失的遮羞布而已。

那修復正義和司法抗爭又有什麼關係？從第六到第八章所揭示的就可看出，司法抗爭的對象，是不公義的政治制度和社會結構，而非針對個別獨裁者和法官的行為。抗爭者對於甘作政權共謀的法官或檢控人員沒有個人層次的仇恨；他們更在意的是這些法官或檢控人員能否脫離威權體制的結構，由政權的合作者轉念成為抗爭者的盟友，從而破壞政權的盤算。因此，無論在法庭內慷慨陳詞、在旁聽席上打氣，抑或是質詢法官辦案是否公正無私，皆旨在增加司法抗爭的道德勇氣和意志，同時迫使法庭的當權派——一眾檢控官和法官們——面對信守法治與服從政權的兩難：他們要反躬自問，究竟他們的言行或裁決，是促進修復社會、重構公義，抑或是為政權背書，即使進一步撕裂社群，增加官民的互恨也在所不惜？

某些法官可能會反駁：這些大政治問題，並非法庭可以處理。但反過來，法庭一小步，就會影響修復正義一大步。司法抗爭另一個責任體現，是藉抗爭的言行傳遞事實真相，這真相並非單純刑事案件理解的事實、證據，而是政治案件的整個脈絡；唯有如此，方能認真發掘，誰是政治罪行裡的「加害者」和「受害人」：究竟受害的是市民還是被告？加害的又是誰？

《港區國安法》實施至今，政權拘捕超過二百六十人，超過一半人被起訴，當中不少人已未審先囚超過兩年，至今定罪率依然是一〇〇%，[15]那麼，即使他們最終被定罪後獲得特赦，又是否能推動修復正義、彰顯法治呢？這個問題的確不容易回答。《港區國安法》剛通過時，部分觀察家還抱著正面的期待，希望香港政府執法時有所克制，避免造成更大的撕裂。他們或者認為《港區國安法》的存在，本身已足以震懾較高調的民主運動及港獨活動。但事實與之相違：國安處在《港區國安法》實施三年多來，只有二個月——即立法會選舉和北京冬奧前夕，為拘控短暫劃下休止符。在泛民主派深受重創、主要媒體被清洗、公民社會被摧毀、教育及文化界已陸續自我審查的情況下，政權本應可以偃旗息鼓，但如果政權的最終目的是要消滅一切反動力量的話，那麼藉特赦以修和就不是它的選項了。

反過來，如果司法抗爭是為了爭取更多人——尤其是體制內的人——的認同，累積群眾動員的能量和士氣，那麼它就和非暴力抵抗異曲同工，甚至是非暴力抵抗的一部分。正如《牆與門》的作者斯法爾所言，司法抗爭，也只是為更大規模的社會抗爭服務。非暴力抵抗就是要藉各種非暴力手段增加己方籌碼，迫使政權走上談判桌，改變不公的現狀。南非的轉型經驗可見，特赦的對象的確是加害者——但他們是為政權服務的人們；其「真相與復和委員會」，也是透過尋求真相去促進社會和解，而非盲目的、廉價的寬恕。

反省

如同我在本章所述，在香港，每位政治犯的心理質素、政治閱歷和機會成本均不一樣，應對審訊的方法、是否選擇司法抗爭，當然也各有不同。比較本書所分析的外地經驗，被告是否抗辯、抗爭以至從根本否定當地的司法制度，也沒有絕對、唯一的方程式。比較歷史、以古鑑今，不是為了單純複製抗爭策略，而是要先理解不同抗爭方法的脈絡、原理。即使要「移風易俗」，推動法律文化的改變，也要在移植抗爭文化及手段時，能適應本地的處境，亦要考量這些抗爭手法，是純粹為了引起短期的關注，還是包括更長遠的修復正義、更新法律體制與法律文化的效果？不然，移植司法抗爭，或者只會變得「水土不服」。我在本書最後的結語，在總結全書討論的同時，亦會分析最近香港政治審訊的發展，前瞻香港未來抵抗威權法治的各種可能性與意義。

結語

我於二〇二二年末完成本書初稿。到了二〇二三年，香港政治和司法形勢的發展，出現了不少令人意料之外，情理之內的事。在香港，「立場新聞案」和「民主派四十七人案」分別由二〇二二年末及二〇二三年二月開審，長達數十日以至超過百日的審訊；被囚超過一千日的黎智英，到二〇二三年十二月終於開審。香港政權通過《法律執業者條例》修訂，修改內容包括：容許行政當局在有關國家安全的案件上有權凌駕法院；拒絕海外大律師來港代表民事及刑事案件審訊，直接取代法庭以該海外律師的專長及經驗來決定是否批准他本人來港上庭的法定要求，改為政府政治考慮決定法庭案件的訟辯雙方可以選擇誰當代表律師，這些改變都會損害香港司法制度和香港市民的公平審訊權利。

香港國安體制，亦在二〇二三年擴大其打擊對象，一是海外流亡的香港抗爭者，二是在本地營商的外資。同年七月，港府國安處宣布已獲香港法庭手令批准，懸紅（懸賞）通緝八名流亡海外的香港人，包括：律師任建峰；前立法會議員郭榮鏗、羅冠聰和許智峰；工會領袖蒙兆達；流亡倡議者郭鳳儀、劉祖廸以及商人袁弓夷。港府指他們涉及觸犯《港區國安法》，向每人懸紅港幣一百萬元（約四百一十萬新臺幣），呼籲民眾向當局舉報上述八人行踪。隨後，港府先後拘捕、偵訊超過三十名人士，皆屬被通緝八人的親人朋友。同年十二月，港府再宣布懸紅通緝在海外的邵嵐、許穎婷、鄭文傑、霍嘉誌及蔡明達，當中邵嵐更是美國公民。部分被通緝人士轉趨低調，更有人向本地律師會投訴具律師資格的郭榮鏗、任建峰兩人，為香港本地及海外離散社群帶來新一波寒蟬效應。

另一方面，港府多次要求美資公司谷歌（Google）在搜尋引擎移除二〇一九年反修例運動期間流行一時的抗爭歌曲〈願榮光歸香港〉不果，因此，港府決定就此向本地法庭申請民事禁制令，阻止任何人傳播這首被港府點名為鼓吹香港獨立、卻多番在國際運動賽事頒獎典禮上誤播的旋律。正如不少學者和分析師——

包括我本人——在報章撰文指出，港府選擇以民事禁制令而非刑事檢控對付傳播〈願榮光歸香港〉這首曲子的人士，目的是要馴服在本地營商的外國科技巨頭如谷歌、蘋果和微軟等。它們既然篤信香港有司法獨立從而選擇繼續在港經商，那麼民事法庭一旦頒下禁制令，這些在香港以至中國投資的公司就難以輕言不從。[1]本地法庭雖然在二〇二三年中拒絕政府申請，但後者經已上訴，上訴結果要待二〇二四年方知曉。

政權利用國安體制延伸其社會宰制（domination）的同時，香港政治犯的司法抗爭亦愈演愈烈。本書第六至八章比較不同地區司法抗爭的經驗，歸納了「超合作運動」和「論述及意識抗爭」兩個主要抵抗司法迫害的路徑。在二〇二二年末至二〇二三年間，這兩種抗爭路徑也愈來愈明顯。

從「超合作運動」來看，鄒幸彤屢次運用司法體制的空間，積極向法庭提出司法覆核及刑事上訴，例如關於她二〇二一年煽惑他人參與未經批准集結的定罪上訴，以及有關解除交付審判程序報道限制的司法覆核，兩案在高等法院均勝訴。[2]鄒的做法，一方面保持媒體和公眾關注鄒作為未審先囚政治犯的社會溫度，另一方面亦是以正當程序將法庭推到牆角（corner the court），要法庭就關鍵的法理問題——諸如警務處長處理公眾集會的權力及公眾知情權等等——提出法庭的解讀，立此存照。尤其在解除交付審判程序報道限制一案中，法庭判鄒勝訴，證立下級法院拒絕鄒氏要求解除報道限制的申請屬越權行為，促進公眾對政治審判的透明度和知情權，亦起了監督法庭行為的作用。

而「立場新聞案」被告、《立場新聞》前總編輯鍾沛權和「民主派四十七人案」中被告之一何桂藍的答辯，就更反映了他們如何在法庭開展「論述及意識抗爭」。《立場新聞》和兩名前編輯被控「串謀發布煽動刊物罪」，是香港主權移交後首宗傳媒被控煽動的案件。該案在二〇二二年十月開審，審訊期間橫跨超過十個月，總共花了五十六日審訊，當中被告鍾沛權用了三十六日時間做答辯。期間，鍾氏面對控方質問，時而從容面對，力陳新聞自由的原則和價值；時而又妙語如珠，細說新聞編採的專業守則。[3]至於何桂藍在二〇二三年開審的「民主派四十七人案」逾百日的審訊期用了十日作供，藉此解說她所瞭解和經驗的種種政治議題，包括反修例運動、民主派初選、憲政主義、議會抗爭、以至《港版國安法》和普通法的衝突等等。本書篇幅所限，無法一一仔細分析、評議，相信在所有涉及「危害」中共國家安全的大案——即「民主派四十七人案」、「黎智英案」、「支聯會案」等——結束後，屆時可以做更有系統的分析，解讀檢控、辯護以至法官在這些政治審訊中的角力。總而言之，「論述及意識抗爭」要求的固然是「出格」、「不按牌理出牌」，挑戰政權（包括法官）在法庭內的政治論述，但其核心在於光明磊落地說出自己的信念和真實的觀察，絕非純粹估算案件勝敗、或可獲多少減刑而決定在法庭做什麼的供詞而已。

走筆之時，上述的國安大案並未完全了結。那麼，讀者可能會問，對於今時今日身在香港或海外的、關心民主自由的人士，我們還可以如何抵抗威權體制的壓迫？本書的討論，提供了什麼啟示嗎？

本書透過比較不同法治理論及威權體制的案例，嘗試為讀者立體地呈現，政權的司法壓迫未必就能完全宰制弱勢；相反，從歷史中可以看到，無論是抗爭者、政治犯、辯護律師，他們在有限的處境，總會找到一絲空間，突破桎梏，具備足夠政治意志，以富有創意和多元的策略，直接或間接地推動社會改變，可謂在夾縫中成長的典範。本書所探討的歷史經驗，正是想告訴讀者，司法抗爭的效果，是要看得遠、看得闊，才會體會到的。看得遠的話，就會明白到：臺灣美麗島大審判播下的種子，要到二十年後才開花結果；巴勒斯坦對抗以色列圈地運動的司法抗爭，至今仍未竟全功，但間接獲得更多外國媒體、人權組織以至國際組織的關注。看得闊的話，就會明白到司法抗爭只是反威權的民主運動的一環而已；也會明白到看得闊，心胸也可以廣闊，能夠開放自己，不只以「吃快餐」的態度看待當前困局，亦能以長遠目光面對香港以至中國問題與前景。

我們也不能只從香港本位出發去考慮香港的問題。正如當前學界已大力推動以「中國在世界」、「全球中國」的視野發展中國研究；關心香港的學界、民間社會、法律界人士，更值得以上述的比較方法（包括「比較法」〔comparative law〕、「比較政治」〔comparative politics〕）去鑽研香港在法制、社會、政治及司法壓迫和其他威權國家的異同，從而更深入掌握威權統治者和威權法庭的套路，思考應對之道。這種思考方法的好處是，我們能夠謙卑地放下一種「香港例外」的思考態度：即假設香港的政治與法治變局是當世獨一無二的。這種思考態度可能會阻礙我們以對等、開放的心態認識其他受威權法制壓迫的群體，難以和國際間受壓迫者對話和交流，甚至在無形中不必要及過分地增加自己對香港當前形勢的恐慌。如果我們能以「香港在世界，但不一定在世界中心」的視野去思考和研究的話，也許我們會更有自信和資源去比較香港與譬如白羅斯、種族隔離年代的南非、新加坡、馬來西亞、以色列等國家長期承受威權或半威權體制影響司法的經驗。

此外，本書討論的一些案例，如智利、以色列、臺灣及南非的法庭表現及政治審訊，其實也可發掘出一個共通點，就是地緣政治因素在其中發揮了積極或消極的作用。國際壓力（尤其是二戰後的美國）在席與缺席，對政治審訊或司法迫害的果效也有不同。從地緣政治的格局和角力看待法律及司法發展，對傳統上著眼法理及法律技術的學者或從業員來說，可能太過「離經叛道」；但觀乎目前法學界的趨勢，跨學科的法律研究已是法學重要的一門；近年不少法律研究，也必須涉足國際政治分析，比如由中美貿易戰延伸出來的法律戰。何況香港法制與司法的建立，正是因地緣政治局勢在二戰後丕變而生。[4]我們可以大膽地說，地緣政治以至經濟角度能豐富我們的資源，拆解香港政治與法治的發展，比如《港區國安法》中的「送中審訊」條款、境外懸紅通緝的現實政治因素等等。本書雖然沒有在這方面多著墨，但對讀者來說，從地緣政治經濟分析威權法治，應該是下一個值得思考的課題。

最後，我們也依然要記得在爭取政治和司法正義的同時，要為實踐修復正義做準備，畢竟在最長遠的將來，政權變得自由化、民主化的時候，我們屆時要建設的不是一個時刻要清算與報復曾迫害民眾生活與生命的大審判時代，而是一個人人可以平等對待和尊重對方權利與自由的社會，重建對法治精神和法治社會的信心和信任。

鳴謝

本書得以付梓，我實在要感激臺灣春山出版青睞，在編輯的努力下，終可玉成其事。我撰作本書期間，在倫敦國王學院法學院進行為期一年的訪問研究，有賴大學圖書館的實體及網上資訊，為撰寫本書提供了大量養分。我在此衷心感謝文化研究學者羅永生博士、東京大學的阿古智子教授、立教大學的倉田徹教授，以及一眾在臺學者及公民社會朋友推薦拙作。我亦曾邀請學者同仁先行閱覽本書初稿，亦先後在多倫多、華盛頓特區、倫敦、東京和臺北做學術演講時發表本書部分內容，收到不少聽眾重要和有價值的回饋，基於條件所限，未能逐一公開他們的名字，只好在此一併致謝。

最後，謹將本書送給SN，以及所有仍然在香港的夾縫中抵抗、為這個城市努力奮鬥的人。

二〇二三年十二月，倫敦薩默塞特府

Company

14 二〇一九年反修例運動期間的抗爭目標，分別為：1. 全面撤回《逃犯條例》修訂草案；2. 撤回「暴動」定性；3. 撤銷所有反送中示威者控罪；4. 成立獨立調查委員會，徹底追究警隊濫權情況；5. 實行「真雙普選」。

15 "Tracking the Impact of Hong Kong's National Security Law". *China-File*. 2023-08-08; "Denial of bail is silencing Hong Kong's democrats". *BBC NEWS*. 2022-04-28.

結語

1 Eric Lai. 2023-08-01. "Hong Kong's Legal War on a Protest Anthem." *THE DIPLOMAT*.

2 鄒幸彤雖然在煽惑他人參與未經批准集結的定罪上訴成功，但政府旋即要求向終審法院上訴，在二〇二三年十一月二十二日開審，法庭押後裁決至今無期。

3 篇幅所限，有關立場新聞案的來龍去脈，請參閱：〈《立場》被指煽動案從涉案文章談至新聞原則　鍾沛權 36 日作供說了甚麼？〉，《法庭線》，2023/5/6。

4 可參閱蔡俊威、李家翹，2017，〈政治的法律化：冷戰時期香港的地緣政治處境及其法治的鞏固〉，《思與言》第 55 卷第 2 期；及拙作 《破解香港的威權法治：從傘後到反送中的民主運動》。

8 香港的司法抗爭：從體制內到體制外

1 陳健民編著，2019，《審判愛與和平：雨傘運動陳詞》。香港：進一步。

2 〈立場新聞 | 鄒幸彤："只談法治，不談政治"的抗爭七步殺——香港法治迷思與司法抗爭評議〉，《中國數字時代》，2021/06/30。

3 全文分上、下兩篇，見：〈當司法淪為政治壓迫的儀式，反抗是否仍然可能？（上）〉，patreon.com：Gwyneth Ho，2021/09/10；〈當司法淪為政治壓迫的儀式，反抗是否仍然可能？（下）〉，patreon.com：Gwyneth Ho，2021/09/10。

4 〈支聯會拒交資料案 | 呈堂國安處調查報告及文件曝光　多頁有遮蓋簡短交代六四〉，《法庭線》，2023/03/26。

5 〈【六四和平集會案】何桂藍：2020 年六四是 2019 年運動延續　港人已不需政治領袖〉，《立場新聞》，2021/11/09。

6 〈【六四和平集會案】鄒幸彤陳情全文：當集體行動受譴責　對個人的憐憫只是鬧劇〉，《立場新聞》，2021/12/13。

7 〈六四集會案求情　鄒幸彤：有良知的人不怕牢獄　何桂藍：判刑針對去年現身維園港人〉，《立場新聞》，2021/12/13。

8 Ghai, Yash, Robin Luckham and Francis Snyder edited. 1987. *The Political Economy of Law: A Third World Reader*, Oxford University Press.

9 ''Tracking the Impact of Hong Kong's National Security Law''. ChinaFile. 2023-08-08; ''Denial of bail is silencing Hong Kong's democrats''. BBC NEWS. 2022-04-28.

10 法律界如何被政權以經濟誘因收編、統戰，詳見本書第五章。

11 Liu, L., & Stern, R. 2020.' "State-adjacent Professionals: How Chinese Lawyers Participate in Political Life". *The China Quarterly*, 1-21. doi:10.1017/S0305741020000867

12 指《「一國兩制」在香港特別行政區的實踐》白皮書。

13 Minow, Martha,. 2019. *When Should Law Forgive?*, W. W. Norton &

JURED BY POLICE DURING PEACEFUL PROTESTS FOLLOWING THE MURDER OF GEORGE FLOYD''. ACLU of Minnesota. 2022-11-30.

8 講座連結：https://video.law.hku.hk/lawyering-and-the-rule-of-law-in-dark-times/ 。

9 Michael Sfard. 2018. *The Wall and the Gate: Israel, Palestine, and the Legal Battle for Human Rights,* St Martin's Press.

10 蔡孟翰，〈不存在的國家 5：巴勒斯坦〉，《法律白話文運動》，2020/11/19。

11〈聯合國人權專家警告：以色列定居者在巴勒斯坦被占領土上實施的暴力正在加劇〉，《聯合國新聞》，2021/4/14。

12 ''Israel's apartheid against Palestinians''. Amnesty International. 2022-02-01.

7 抗辯者的顛覆意志

1 有關芝加哥七人案的真實詳情，可參閱 Bruce A. Ragsdal. 2008. *The Chicago Seven: 1960s Radicalism in the Federal Courts,* Federal Judicial Center, Federal Judicial History Office.

2 吳乃德，2020，《臺灣最好的時刻，1977-1987：民族記憶美麗島》。臺北：春山出版。

3 Allo, Awol edited. 2015. *The Courtroom as a Space of Resistance: Reflections on the Legacy of the Rivonia Trial,* Routledge. 對曼德拉司法抗爭有興趣的讀者，可以先由第三至五章開始閱讀。

House of Lords. 2022-04-06.

15 海外法官在其他國家的角色和貢獻，可參閱 Alyssa S. King & Pamela K.Bookman. 2022. "Travelling Judges". *American Journal of International Law*, 1-73. (doi:10.1017/ajil.2022.25) 和 Anna Dziedzic. 2021. *Foreign Judges in the Pacific*, Hart Publishing.

16 Jerome A. Cohen. 2021-08-09. ''Should foreign judges continue to serve in Hong Kong?''. Blog: Jerry's Blog.

17 參閱本書第二章。

6 法庭的「超合作」運動

1 Albie Sachs. 2011. *The Strange Alchemy of Life and Law*. Oxford University Press. （中文譯本為奧比·薩克思，2020，《斷臂上的花朵：從囚徒到大法官，用一生開創全球憲法典範》。臺北：麥田出版）；Ruth Bader Ginsburg . 2018. *My Own Words*, Simon & Schuster.

2 Government of the Republic of South Africa and Others v Grootboom and Others., (CCT11/00) [2000] ZACC 19; 2001 (1) SA 46; 2000 (11) BCLR 1169 (4 October 2000).

3 ''IRENE GROOTBOOM DIED, HOMELESS, FORGOTTEN, NO C-CLASS MERCEDES IN SIGHT''. *Constitutionally Speaking*. 2008-08-01.

4 *Reed v. Reed*, 1971

5 可參考香港非政府組織 PILnet 發表的一份研究報告：''This Way: Finding Community Legal Assistance in Hong Kong''（bit.ly/2FPFlxf）.

6 《香港法律改革委員會報告書：集體訴訟》（bit.ly/35VWb8O），2012/05，頁三。

7 "ACLU-MN SETTLES CLASS ACTION FOR PROTESTERS IN-

9 強世功，2015，〈「和平革命」中的司法管轄權：從「馬維騉案」和「吳嘉玲案」談香港秩序轉型中的司法主權之爭〉，載於陳弘毅、鄒平學編，《香港基本法面面觀》，香港：三聯書店，頁165。

10 此決定全稱為：全國人民代表大會常務委員會關於批准《內地與香港特別行政區關於在廣深港高鐵西九龍站設立口岸實施「一地兩檢」的合作安排》的決定。

3 由殖民到後殖民，香港「法治」體制的嬗變

1 〈法治就像沙甸魚〉，《信報》，2015/9/25。

2 Jones, Carol. 1999. "Politics postponed: law as a substitute for politics in Hong Kong and China" in Kanishka Jayasuriya ed. *Law, capitalism and power in Asia: the rule of law and legal institutions*. Routledge.

3 可參考 Ng MHK. 2016 "Rule of law in Hong Kong history demythologised: student umbrella movement of 1919". *Hong Kong Law Journal* 46(3): 829-848; 2017. "When silence speaks: press censorship and rule of law in British Hong Kong (1850s–1940s)". *Law and Literature* 29(3): 425-456; Ng MHK, Zhang S and Wong MWL. 2020. "Who but the Governor in Executive Council is the judge: historical use of Emergency Regulations Ordinance". *Hong Kong Law Journal* 50(2): 425-461.

4 Turner, Matthew. 1996. "60's / 90's Dissolving The People". Hong Kong: Hong Kong Arts Centre.

5 詳見 John M. Caroll. 2007. *A Concise History of Hong Kong*. Rowman & Littlefield Publishers, Chapter 8.

6 在香港，由議員個人提出的草案稱為私人法案。

7 強世功，2008，《中國香港：文化與政治的視野》。香港：牛津大學出版社；陳冠中，2012，《中國天朝主義與香港》。香港：牛津大學出版社。

的智囊團〉，《紐約時報中文網》。亦可參閱 Seppänen, Samuli. 2016. *Ideological Conflict and the Rule of Law in Contemporary China*. Cambridge University Press.

4 北京大學，「憲法與行政法研究中心季度簡報」2018 第 2 期，頁 1。

5 如欲對本案瞭解更多，可參考佳日思、陳文敏、傅華伶主編，2000，《居港權引發的憲法爭論》。香港：香港大學出版社。

6 該判詞有關內容，即第 71 段，原文如下："We should also point out that in his judgment on the Provisional Legislative Council issue in this case, the Chief Judge stated that his views on the jurisdiction of the courts of the Region in HKSAR v Ma Wai Kwan David were expressed in the context of that case and cannot be understood to mean that National People's Congress' laws and acts would prevail over the Basic Law; the analogy he drew with the colonial courts in that case might not have been entirely appropriate; and that it might be that in appropriate cases, the courts of the Region do have jurisdiction to examine National People's Congress' laws and acts which affect the Region". (*Ng Ka Ling v and another v The Director of Immigration*, FACV14/1998)

7 該判詞只有短短六段，相關段落原文如下："The Court's judgment on 29 January 1999 did not question the authority of the Standing Committee to make an interpretation under Article 158 which would have to be followed by the courts of the Region. The Court accepts that it cannot question that authority. Nor did the Court's judgment question, and the Court accepts that it cannot question, the authority of the National People's Congress or the Standing Committee to do any act which is in accordance with the provisions of the Basic Law and the procedure therein."

8 參見：居留權證明書計劃，「香港 2000」（https://www.yearbook.gov.hk/2000/b5/22/c22-04.htm ）。

Rule of Law in Hong Kong" *Hasting International & Comparative Law Review* vol.38, no.2: 275-298.

6 Friedman, Lawrence M. 1969. 'Legal culture and social development', *Law and Society Review*, vol.4, no.1: 29-44; 1975. *The Legal System: A Social Science Perspective*, Russell Sage Foundation, New York.

7 Tamanaha, Brian Z. 2017. *A Realistic Theory of Law,* Cambridge University Press, New York.

8 同上。

9 可參閱 Gary Haugen & Victor Boutros. 2015. *The Locust Effect: Why the End of Poverty Requires the End of Violence,* Oxford University Press; RainLily. 2017. *A Retrospective Study of RainLily's Crisis Services (2000-2018).* https://rainlily.org.hk/publication/2018/retrospective; PilNet. 2017. *This Way: Finding Community Legal Assistance in Hong Kong.*

10 Lino, Dylan. 2018. "The Rule of Law and the Rule of Empire: A.V. Dicey in Imperial Context" *The Modern Law Review*, 81:5, 739-64. 亦可參閱作者前著：《破解香港的威權法治》，2021，頁 40-44。

11 參閱阿岡本，2023，《例外狀態》，薛熙平譯。臺北：春山出版；2016，《神聖人：至高權力與赤裸生命》，吳冠軍譯。北京：中央編譯出版社。

12 阿岡本，2023，《例外狀態》，薛熙平譯，頁 23。

2 「例外主義」下的法律體制與法律文化

1 Fraenkel, Ernst. 1941. *The Dual State: A Contribution to the Theory of Dictatorship*, Oxford University Press.

2 Fraenkel, Ernst. 1941, pp. 57.

3 儲百亮，2023/8/3，〈「還得中共去收拾爛攤子」：習近平強硬政策背後

7 參閱 Jones, Carol AG. 2015. *Lost in China?*, Cambridge University Press；Lee, Man Yee Karen. "Lawyers and Hong Kong's democracy movement: from electoral politics to civil disobedience." *Asian Journal of Political Science* 25, no. 1 (2017): 89-10；許菁芳，2019/8/6，〈香港律師靜默遊行的背後：民主派困境vs.親中派進化〉，《報導者》；黎恩灝、許菁芳，〈香港司法政治化與法律人的回應〉，何明修編，《未竟的民主：香港人的運動與抵抗》（預計2024年出版）。

8 〈《立場》被指煽動案｜控辯就樞密院案例陳詞　官再押後裁決待快必上訴結果〉，《法庭線》，2023/11/15。

9 黎恩灝，2021/9/14，〈告別支聯會 兼駁周永新〉，《明報新聞網》。

1 法律、法治與「依法治國」

1 Rosen, Lawrence. 2006. *Law as Culture: An Invitation*, Princeton University Press.

2 瞿同祖，〈導論〉，《中國法律與中國社會》。

3 《清律例》二八，《刑律》《鬥毆》下，〈毆祖父母父母〉，乾隆四十二年例。

4 清・刑部《說帖》，載於《刑案匯覽》卷一（15）。

5 參閱 Dicey, A.V. 1915. *Introduction to the Study of the Law of the Constitution*, Liberty Classics, UK；Thompson, EP. 1975. *Whigs and Hunters: The Origin of the Black Act*, Penguin Book, UK; Chan, JMM 2015. "Human Rights, the Rule of Law and Democracy: Recent Experience of Hong Kong and China." *University of Hong Kong Faculty of Law Research Paper* No. 2015/039, viewed 16 October 2021, https://bit.ly/3n0zc4j; Davis, M. 2015. "The Basic Law, Universal Suffrage and the

注釋

前言

1 可參閱 Ginsburg, T & Moustafa, T eds. 2008. *Rule by Law: The Politics of Courts in Authoritarian Regimes*, Cambridge University Press, New York; Moustafa, T. 2014. 'Law and courts in authoritarian regimes'. *Annual Review of Law and Social Science*, vol.10, 28-299; Rajah, J. 2012. *Authoritarian Rule of Law: Legislation, Discourse and Legitimacy in Singapore*, Cambridge University Press, New York.

2 Linz, Juan J., and Alfred Stepan.1996. *Problems of democratic transition and consolidation: Southern Europe, South America, and post-communist Europe*, JHU Press; O'donnell, Guillermo. "Why the rule of law matters." *J. Democracy* 15 (2004): 32; Diamond, Larry, and Leonardo Morlino, eds.2005. *Assessing the quality of democracy,* JHU Press.

3 可參考我的學術論文，Yan-ho Lai. 2022. 'Securitisation or Autocratisation? Hong Kong's Rule of Law under the Shadow of China' Authoritarian Governance'. *Journal of Asian and African Studies* online first.

4 https://protestrights2022.monitor.civicus.org/

5 全稱為《中華人民共和國香港特別行政區維護國家安全法》。

6 詳見我之前的文章：〈前言：由威權邁向後全權管治的香港，還談什麼法治和民主？〉，《破解香港的威權法治：傘後與反送中以來的民主運動》，2021。臺北：新銳文創，頁25-37。

國家圖書館出版品預行編目 (CIP) 資料

在夾縫中抵抗：從比較觀點看香港的依法治國與司法抗爭 / 黎恩灝著 . -- 初版 . -- 臺北市：春山出版有限公司 , 2024.01
面；　公分 . -- (春山之聲 ; 56)
ISBN 978-626-7236-86-4 (平裝)
1.CST: 法治　2.CST: 文集　3.CST: 香港特別行政區
580.7　　112022097

春山之聲 056

在夾縫中抵抗

——從依法治國與司法抗爭的比較經驗看香港

Resistance through the Cracks: Understanding Hong Kong's Rule by Law and Resistance in the Courtroom in Comparative Perspective

作者　黎恩灝（Yan-ho LAI）
總編輯　莊瑞琳
責任編輯　夏君佩
行銷企畫　甘彩蓉
業務　尹子麟
封面設計　謝佳穎
內文排版　簡單瑛設
法律顧問　鵬耀法律事務所戴智權律師

出版　春山出版有限公司
地址　116 臺北市文山區羅斯福路六段 297 號 10 樓
電話　（02）2931-8171
傳真　（02）8663-8233

總經銷　時報文化出版企業股份有限公司
電話　（02）23066842
地址　桃園市龜山區萬壽路二段 351 號
製版　瑞豐電腦製版印刷股份有限公司
印刷　搖籃本文化事業有限公司

初版一刷　2024 年 1 月
定價　400 元
ISBN　978-626-7236-86-4（紙本）
978-626-7236-84-0（PDF）
978-626-7236-85-7（EPUB）

回函卡 QRCODE

All Voices from the Island

島嶼湧現的聲音